「在日」との対話

在日朝鮮人は
日本人に
なるべきか

目次

第八章　帰化 185

第一章

「在日小説」なるものについて

韓国・朝鮮通のニューウェーブ

関川夏央という人がいる。相当に目が利く物書きと目されているらしく、今や大新聞の書評委員から大学教授まで多彩な肩書きを持っている。そのうえこの人、相当の韓国・朝鮮通なのだが、その韓国・朝鮮通も、かつてとは顔触れと様相を一変している。現地を知らないままに「理論」と「政治的偏見」から導き出された「理想郷としての北、地獄としての南」といったマニ教的な図柄を描き出しては垂れ流す時代はほぼ終わった。今や現場を歩き、風や臭いを肌で知り、言葉も操る人々が物書きや学者の世界に続出している。前者の歴史的罪責感と心情左翼的理想主義に対するに、こちらは現実主義を標傍する。その筆は自由闊達、韓国・朝鮮通のニューウェーブの時代なのである。その波頭で軽やかなフットワークと筆を駆使しているのが関川である。彼の『ソウルの練習問題』、『海峡を越えたホームラン』、『退屈な迷宮』などは、朝鮮半島や在日朝鮮人問題に興味を抱く人々には必携の書物と言ってよかろう。現に多くの読者を勝ち得ている模様で、その全てが文庫におさめられている。

さてそのジャーナリストあるいはエッセイスト関川が、彼のはじめての小説集『水の中の八月』

（講談社文庫、一九九六年一一月）の後書きに「日本人が書いた在日小説」という少々風変わりなタイトルを掲げて次のように書いている。少し長くなるが引いてみる。

近代化の必然として出現した近代文芸が、やがてこれも一種の必然として生み落とした文芸至上主義を、そしてその影響をもっとも濃厚に受けた気配のある「在日文学」を揶揄してみたいという気分もわずかながらあった。

この本の短編群にはみな在日コリアンが登場するのだが、私がのぞいて見たことのある在日コリアンの書いた「在日文学」中に登場するような人物にはほとんど出会わなかった。「在日」をすくいあげず「在日」を描かない「在日文学」とはなんだろうと、私は長い間いぶかしく思っていた。

一般の在日コリアンは「在日文学」を読まないという事実も知った。極言すれば、「在日文学」は日本人向け、または「文壇」という小さな市場向けの産品なのである。

また自己の置かれた個別の環境と事情には異常なまでに詳細なのに、他の在日コリアンと日本社会の関係のありかたには必ずしも目配りがおよばなかった。つまり日本を憎みつつ、日本近代文学の伝統、なかんずく私小説の伝統には忠実なのである。そして、かつて「帰国運動」を推進したマルクス主義の観念と民族主義の空気に敏感に反応した「在日文学」は、八〇年代以後は「アイデンティティ」という、やはり流行の観念に過剰にもたれかかるあまり、たとえば李良枝の『由熙』のような、出口のない、うつろとしか思えない努力の告白といった、ただただいたましい読後感のみをもたらす表現を行うに至ったのである。

わたしは関川の愛読者とまではいかないだろうが、比較的によく読んでいる読者だろう。少なくとも文庫化されたものにはおおむね目を通している。例えば『知識的大衆諸君・これもマンガだ』などは、漫画に対するひいきの引き倒しの感がなきにしもあらずなのだが、漫画の実際を知らないままにそれを軽蔑することが知識人の標識と思い込んでいる「知識的大衆」に対する挑発的な筆致の効き目は相当のもの。知識人などと自称するわけにはいかないわたしなのだが、思わず被虐的な喜びを覚えたくらいなのだから、「知識的大衆」の末端の一員の資格くらいはありそうと気づかされたこともあった。

といったように、わたしは関川の文章には多いに啓発されてきた。ところが、その一方で、痒いのだがどこを掻いていいのか分からぬ違和感も拭えず、困惑してきたというのが正直なところ。淀みを知らない筆の運びに、その困惑を忘れることもあるけれど、ふとした拍子にその痒みがぶりかえす。そしてその度に、その痒みの在りかと正体が何かを考えずにはおれなくなるといった按配で、とりわけ一連の韓国・朝鮮物にはその感が強かった。しかも、翻って考えてみると、その種の困惑はひとり関川のみならず、先に韓国・朝鮮通のニューウェーブと呼んだ人々の韓国・朝鮮物に対するもどかしさとも通底しているような感触だけはあった。そして、この関川の短文に遭遇したとき、これを糸口にして数年来の慢性的「痒さ」の源をつきとめられるかも、という気がしたのである。そんなわけだから、以下のつぶやきはついつい関川批判のような外観をとってしまいそうなのだが、そこに主眼があるわけではない。

違和感という壁

同じ日本語を用いているはずなのに、日本人と「在日二世」であるわたしの間には薄いけれどもどうにも乗り越えられない障壁があるような気がしてじれったい思いをすることがあったし、今なおある。その見えない壁がどのようにしてそびえ、その壁の材質は一体どのようなものか。

若い時にはそれを突き止められるような気がしたこともあった。興奮の極みには、壁を崩せるような気にもなった。根源には歴史があり、政治を変えることで、まっとうな歴史の復元が果たせるのだ、といったよくある若気の至りというやつである。しかし、中年も盛りを過ぎつつあるこの歳になってみると、そうした因果のつけ方が肌になじまなくなっている。だから、おずおずながら、考え直してみようと思い立ったのである。在日朝鮮人たるわたしの「僻み」にその源があるのかもしれない。あるいは、日本人の側の無知と誤解というお決まりの護符を持ち出して、日本の歴史と社会に責任を被せておしまいとなるのかも知れない。あるいはまた、二進も三進もいかず、そのあげくに妥協の産物というわけで、喧嘩両成敗といったところでお茶を濁すことになるかもしれない。さらにはまた、人間一般の意思疎通の困難といった具合に、話を大きくして分かったふりをするかも。こんな具合で結末の予測はつかないけれども、なんとかやってみようと思う。「ぼやき」もしっかりとした聞き手を想定し、その聞き手の存在を忘れなければ、意外な真実に触れることがあるかもしれない。

　コトバに対する違和感を手がかりに、壁をつぶすとまではいかなくともせめてそれを透明なものに変えることができはしまいか、これが以下の作文の動機であり、目的ということになる。

　ところで、もう既にその兆候が明らかなように、奥歯にものの挟まったような物言いが続くことになりそうである。どうにも腑に落ちないコトバたちを前にして、その責任を他人の無理解、悪意などにおっかぶせて正義を気取る年齢でもないし、またそういうことが通用するような時代でもない。なのに気がつくと、そうした穽《おとしあな》にはまり込んで身動き取れず、他人を断罪する言葉だけが空虚に飛び跳ねる、てなことになってしまう。そのように絶えず反復されてきた袋小路に入り込むことだけはなんとしても避けたい。そんなわけだから、わたしの繰り言めいた「つぶやき」ないし「どもり」は、わたしなりの苦肉の策、偉そうぶって言うなら「方法」のつもりなのである。

　先ずは何よりも個々のコトバである。わたしにすればなんとも腑におちない「在日」なり「在日小説」なる名称、それをどのように了解しうるかを最初のとっかかりにする。些細な語句の詮索になりそうだし、なにしろ関川文は短文という制約もあってのことか、根拠を明示することなく断定が積み重ねられているので、いきおいこちらは想像力を逞しくして対処しなければならない。書くほうが既にその厄介さに手を焼いているくらいだから、読者には我慢の限界を越えた駄弁になるかもしれない。多いに恐縮なのだが、我慢しておつきあいのほどを予めお願いしておきたい。

言葉の選択

さて先に引用した関川文に対する「難癖」に取り掛かる。

文面を読むかぎりでは、「在日」とは「在日朝鮮人」のことで、その文学つまり一般には「在日朝鮮人文学」(ないしは「在日韓国人文学」)と呼び慣らわされているものが「在日文学」とされ、関川が標傍する「在日小説」と区別されているのだが、こうした言い換えを単純な省略語法と看做《みな》して、済ますわけにはいかない。

言葉は選択を不可避とし、その選択は排除を内包するという一般論をここで想い起こしてみる。「在日」なり「在日コリアン」は「朝鮮」なり「韓国」なり「朝鮮人」なり「韓国人」を排除している。その理由は何か。

一つの民族で骨肉相食む惨事を経た後も長らく二つの政権が正統性を競って相対立している。だから、そうした実在の国家名を踏襲すれば、そのどちらかの国家に正統性を認めた政治的選択と看做されかねない。そこで、そうした曲解を封じたいということがあったのではなかろうか、とひとまず見当をつけてみる。というのも、その種の配慮はわたしたち在日朝鮮人なり、朝鮮問題に関心を持つ日本人の多くに共有される面倒だからだ。その昔、NHKが「朝鮮語講座」を開講するにあたって困り果てたあげく苦肉の策というわけで「ハングル講座」という名称を採用して事をおさめたことを思い返すまでもなく、文章やイベント名では二つの国名を並記したり、或いはその逆に国名を省略して、「在日」といった通称だけで済ます例が激増しているし、当の在日朝鮮人二世三世までもが「在日コリアン」とか「在日」を自称するのが目立つほどなのである。だから、そういう意味でなら関川に特異なところはないと言って済ませるかもしれない。

ところが、この関川文に関してはそれだけで説明がつくようには思えない。というのも、政治的な是非や好悪というレベルでなら、関川の重心は南にかかっている、と関川の読者であるわたしは思うからである。彼の韓国のフィールドワークの報告書とでも言うべき数冊の書物では、粘り強い取材を軽やかにさばく手慣れた文章によって、彼の地の人々の一筋縄ではいかない生き様が彷彿と浮かび上がる。程よい感傷と冷静な眼差しが交差して、人間たちへの共感がにじみ出る。それはもとより国家とか政治体制の優劣を対象にした書き物ではない。政治体制に対する言及は注意深く回避されている。しかし、それらを北朝鮮のフィールドワークである『退屈な迷宮』と比較してみれば、関川のスタンスは一目瞭然である。人々との触れあいを許さず専ら嘘と教条で塗りたくられた社会とそれを補完するイデオロギーに対する嫌悪と怒りは先の人間的共感と対照的である。『退屈な迷宮』は「北朝鮮」に対する紛れもない断罪の書なのである。

だからこそ、改めて問うてみたくなる。国家名ないしは民族名を忌避しているのは何故か、と。過程を端折って結論的に言えば、「民族的出自」や実在の国家と切り離して「在日コリアン」ないしは「在日」というカテゴリーを立てる、これが第一段階。さらには、そうしたカテゴリー自体の虚構性を明らかにすることによってそれを無化するという第二段階がありそうなのだが、そのあたりの詳細はここでは差し控えておきたい。先走りの危惧もあるし、おいしいものは後に取っておきたいという「いやしんぼ」の性癖のせいでもある。だが、わたしのつぶやきは最終的にはそのあたりまでを射程にしているなどと、どさくさまぎれに見栄を切っておいて、急いで本筋に戻ったほうがよさそうだ。改めて個々の措辞《そじ》にこだわることにする。

さて、関川は小説と文学という言葉にも厳重な使い分けを施している。何をつまらぬことを、と感じる向きもあるかも知れないが、そこにもどうやら何か意識的な弁別が働いているらしいのである。先の引用文を参照していただきたい。

「文学」が現実と切り結ばない観念的な産物であるのに対して、関川が目指しているばかりか現に書いているような、「現実」を掬い上げた作品をこそ関川は「小説」と命名しているらしいのである。こうした風変わりな区分けは関川の物書きとしての来歴や、日本近代文学の「正統」に対する反発などに根差していると目星をつけられそうな気もするが、実のところは定かではない。だが、観念と現実という二項対立の図式が至るところに張り巡らされており、どういう根拠なのか定かではないのだが、関川は自らが現実の方に身を置いているという揺るぎない自信を持っていることだけは確かなようである。

ともかく、何故に「在日小説」を書いたのかという小説執筆の動機を糸口にして、「在日文学」にたいする全面的な否定というのが、この後書きの要約ということになりそうである。

在日朝鮮人文学の評価

これは在日朝鮮人文学の評価としては珍しいことだ。肯定的な議論がほんの一部で声高くなされることがあっても、否定的論評はこれまであまり見かけなかったような気がする。だからといって、在日朝鮮人文学なるものが高い評価を受けてきたということではなくて、敬して遠ざけると言えば聞こえがいいが、実は冷ややかな無視といった風潮があったのではなかろうか。そしてそうした文壇的あるいは知識人界の風潮は日本の「健全な」サイレントマジョリティの挙動と別者ではなさそうである。まともに応対しようとして少しばかり本音を出そうものなら、いきなり無理難題をふっかけて噛みついてくる乱暴者、そんな連中は相手にしないに限るといったところではなかろうか。日本的「君子の知恵」とでも言えばよいのだろう。

もっとも、わたしは在日朝鮮人文学が不当に冷遇されてきた、などと言いたいのではない。誰の責任かなどと犯人探しをする気など毛頭ないけれど、議論がオープンに闘わされることがないままに、そうなってきた。そこには何らかの社会的・歴史的事情があったのでは、というわたしの心象を述べたまでである。

だからこそ、関川の全面否定の論調は相当に腰を据えて発せられたという印象が強い。タブーを打ち破る使命感といったものが文の運びを衝き動かしている。この短文は関川の「在日論」のマニフェストと言ってよかろう。

さて、またしても繰り返しになるが、そうした関川の議論の展開の随所でわたしはつまずく。例えば先に引用した最初のパラグラフの真意がよく分からないのである。いわく、（日本）の近代化の必然として（日本的）「近代文芸」がやはりこれも一種の必然として生みだした日本的文芸至上主義の影響を最も濃厚に受けた気配のある「在日文芸」を……（カッコ内は玄）

いかなる国、いかなる社会の文学であれ、その国や社会の歴史と関係を持たないはずがない。それはなるほど必然と呼ぶしかないのだろうが、それだけでは何も言っていないに等しく、「必然」なる関係の様態も多種多様であるに違いない。そればかりか、殆ど偶然としか思えない様々な因果の束、その奥や底にあったに違いないささやかではあってもそれなりに身を賭した個々の跳躍や自由を想像すれば、「必然」などと言ってしまうと嘘ばかりか大きな罪を犯したような気分で後ろめたさがぬぐえない。だから大学生あたりが分かったような口ぶりでそう言うのは笑って許せるとしても、自分が必然を云々するにはためらいがつきまとうような年齢になってしまった。そうしたわたしのような人間からすれば、この執拗な同語反復に関川の強い価値判断のにおいを嗅ぎつけないわけにはいかないのだが、その実体が定かではないのである。

ついでに揚げ足取りの誹りを覚悟の上で、もう少し関川の文章にこだわってみる。

「必然」なる関係づけの言葉によって結ばれた近代化と近代文芸と文芸至上主義が、在日文芸との関係においては「受けた」と言い換えられているのだが、この「受けた」もなかなかに微妙な言い回しである。「受ける」側の主体的選択とも読めるし、あるいは逆に字義どおり受動的連結と解釈もできるのだが、実はその両方の意味がこめられていそうである。強いものに喜々として自ら身を任せる被虐趣味を衝いているといった気配がある。穿ちすぎの懸念がなくもないが、関川文全体に通底する「在日」なるものに対する「揶揄」の基調をしっかり受け止めれば、そのような解釈も充分に可能だろう。

さらに言えば、その「受けた」の前には、「最も濃厚に」という最上級が付加されているのだが、これもわたしには奇異に見える。比較級や最上級というものはたとえ文面には現われなくても、比較の対象があるはずなのだが、それが見当たらないし、想像すらつかないのである。

日本語で書かれた「在日文芸」が影響を受けるのは日本語で書かれ、日本語の呪縛と可能性に良くも悪しくも限界づけられた日本の文芸であることは至極当然なことであって、他に選択肢があったのかどうか。あるいはその影響を被ったもので「在日文芸」なるものと同じカテゴリーに属しているからこそ比較の対象になりうるグループが存在するのかどうか。

そればかりか、朝鮮の近・現代史は日本のそれと密接に関係してきた。いくら少なく見積もっても三六年間の長きにわたって、政治経済は言うに及ばず、朝鮮の文字の世界は日本語の支配下にあった。朝鮮語で思考した人々も、それを公的に表明するにあたっては日本語を用いることを余儀なくされたし、さらに年少の人々は初等教育の段階から日本語を通して思考する習慣を身につける努力を強いられた。そうした現実を生きざるをえなかった人々が作り上げた朝鮮の近代文学は、それこそ「必然的」に日本の近代文学の影響を受けないわけがない。こういう事柄は、善し悪しの問題は別にして、否定しようがない歴史的事実なのである。

　そうした消息を知悉《ちしつ》しているはずの関川が専ら「在日文芸」なるものを言挙げして、その日本との、あるいは日本の近代文学との関係における「いびつさ」を言い立てるふしがあることが奇怪なのである。

「在日」観の検証

　ことほどさように、引用文はわからないことだらけである。あるいは言葉面は何とか捉えられても、その根拠が定かならないばかりか、早々には同意しかねる断定の積み重ねなのである。他人がくちばしをはさむことを受け付けない個人的体験に、想像をまぶして味付けしたという観がある。

　もちろん分からないの繰り返しでは埒があかない。なんとか議論を共有できそうな場を探しだそうと努め、そしてなんとか見つけ出したのが、小説『由熙』の読者という資格なのである。関川は「在日」批判の一環で小説『由熙』を断罪しており、その『由熙』は誰であれそれを手にして、その断罪の正否、ひいては関川の「在日」批判の正誤の判断が可能であろうからである。

　そんなわけでその小説に対するわたしなりの「読み」を呈示して関川の評価と照らし合わせようと思っているのだが、その前にもう一つだけ根拠を明示しつつ関川が自信をもって持論を被歴していると看做せる事柄がある。「在日文学」に関する断罪のことである。引用文は小説集の「後書き」であり、他ならぬその小説群をこそ関川は「在日小説」として差し出し、それと「在日文学」とを対照しているからである。

　そこで『由熙』に入るに先立って、「在日小説」とはどういうものなのかの輪郭を、関川の小説群からうかがっておきたい。但し、わたしには関川の小説を批評するつもりなどさらさらない。関川の「在日小説」論とその具体例である作品群を導きの糸に、関川に代表される近年の韓国・朝鮮通の日本人たちの「在日」観の一端なりとも捉えられないか、というわけである。

　ところで、その作業はわたし自身の「在日」観の検証という性格をも帯びざるをえないからこそ、誰も関心を持ちそうにもない面倒を引き受けようとしている。わたしは日本に生まれ育ち、日本語でものを考え、日本語で愚痴を言い、その延長でたまにはものも書く。そういうわたしなのだから、日本の思潮なり日本人の常識なるものの影響を免れているはずがない。その影響を悪しきこと、克服すべきことと看做す「真性」なる在日朝鮮人がいるし、その反対に、関川のような日本人も多々いるようだ。関川に言わせれば、因習的な在日朝鮮人は日本近代文学の偏向の影響をもろに受けて、そういう「偏向」した眼で「在日」ないしは世界を見ているということになりそうなのだから、わたしもその一人として指弾を受けても仕方がなさそうなのである。

だが、わたし自身としてはそうした批判に「なるほどそういう感じ方もあるのか」などと思いはするが、他人に成り済まして自分を評することができない。ただただ、仕方がなかった、なるべくしてこうなった、という退嬰《たいえい》的な気分に引きずられながらも、その一方で、仕方がなかったその様相を改めてつかみとり、引き受けたいと思い直すのである。朝鮮人でありながら、日本に生まれ育ち、戦後日本の民主主義という理想に対する反発と憧れという相反した気持ちの間で揺れながら生きてきた己を捉え直したいのである。

そんなわけだから、わたしとしては、そういうところにまで錨を降ろして、あわよくば、自分の「よじれ」なり「こわばり」を見つけだし、それを解きほぐせはしまいか、といったところなのである。

第二章

関川夏央の「在日小説」なるもの

関川の小説をひもとく

さて関川が言うところの「在日小説」とはどのようなものか。

『水の中の八月』と題された関川の小説集には表題作を含めて、形式も長さも様々な六篇の短編が収められている。形式として特色のありそうなものから話を始めれば、先ずは「韓国からのラブレター」がある。題名通り、計五通の手紙で構成された書簡体小説である。韓国に取材旅行に出かけた中年写真家の現地報告の体裁をとり、その宛先が色恋の相手で、しかも二人（その一人が在日朝鮮人である）というわけで、不実な中年男が韓国での見聞を語りながら、虚実織り混ぜた恋心を伝え、愛をねだるという寸法。この世の粋も甘いも味わい尽くして、今や正義や真理を気取るわけにはいかなくなった写真家の眼に映る現実、つまり「生の」韓国リポートという結構になっており、語り手の「自堕落」といったものも単なる風俗小説的体裁にとどまらず、この小説の真実味を支えるためになくてはならない下味と言うべきだろう。

今一つ、見ず知らずの女性から物書きを生業にする語り手にかかってきた電話でのやりとりを中心とした構成で、いわば電話体小説として「一九八六年の冬」がある。真夜中に語り手に匿名の電話がかかる。間違い電話、もしくは、いたずらかと思いきや、さにあらず。見知らぬ二人の間のとりとめなさそうなやり取りの果てに浮かび上がるのは「在日」の孤独と無力感なのである。

そう、最後になって明らかになるのは、あの熱狂的な「祖国帰還運動」がもたらした悲劇なのである。ユートピア建設を目指して「祖国」に我先にと馳せ参じた在日朝鮮人たちがいた。もう四〇年も五〇年も前のことである。夢というものがたいていそうであるように、この夢もまた破れる。理想郷に赴いたはずが、行方知れずのままになっている人々が多くいる。強制収容所に閉じ込められたり、粛正の嵐の犠牲になったのだろうとの風聞がある。あるいはまた、北へ帰った親類縁者から「物乞い」の手紙が頻繁に舞い込むといったことなどは在日朝鮮人なら身近にわんさと転がっている話。そうした事実の累積と数々の風聞を取りまとめて、「北朝鮮」が理想郷どころか飢餓と「元在日」差別と秘密警察支配によって成り立つ「地獄」ではとの疑惑が募り、それが紛れもない真実と認知されるに至ったというのが昨今の状況である。

さて、この短編で電話をかけてきた匿名の女性もそうした「幻想」の犠牲者の血縁である。ということは彼女もその犠牲者ということになるのだが、加害者と被害者とが截然《せつぜん》と区別されるように世の中はできてはいない。被害者のなかにも次々と加害と被害の関係を分泌していく。

兄がかの地で辛酸を嘗めた末に亡くなったという知らせを受けた彼女は、北へ帰る兄を座視するばかりか、その兄からの援助を求める手紙に対して救いの手を差し伸べることができなかった自己を顧みて、自責と悔恨に苦しんでいる。というわけで、民族イデオロギーと政治宣伝に踊らされて夢を追いかけたあげくの無残な現実がこの短編の背景なのである。但し、この小説が問題にしているのはそうした今や「常識」となった「北朝鮮」の現実だけではなさそうなのである。

「北に帰国」した肉親の死の知らせを日本で受け取った在日朝鮮人の女性が、見ず知らずの日本人、つまり語り手に電話するという設定にこそ、この作品の主張を読み取ることができそうなのである。在日朝鮮人が在日朝鮮人であるが故の悲しみを語れるような相手が、同胞たる在日朝鮮人にはいないという認識が構造化されている。ひょんなはずみで名前を聞きかじった物書きの日本人だけが、「在日」が故の悲しみを托し、その悲しみを共有できるかもしれない存在というわけである。そうした「在日」の「在日」であるが故の孤独が、その種の消息に詳しい語り手の冗談めかした優しさに触れ、かすかに溶解する。そして電話は切れる。

以上の二篇を除けば、他は全て普通の形式の普通の小説である。例えば、「青い流れのその向こう」は語り手の子供時代の記憶を再構成した物語である。

幼い頃の薄ぼんやりとした父親との遠出の記憶。だが、ここでもあの「帰還運動」が背景にある。父の密かな恋人である在日朝鮮人の若い女性が「北朝鮮」に「帰国」するために父と別れねばならなくなった。その別れを惜しみながらも、「正義」と「理想」の為にそれを合理化する二人。ヒステリックな妻に翻弄される中年男の出口のない恋愛は大義に殉ずるという「美しい形」で清算される。

生活に倦み疲れた母親と対照的に若く、美しく知的な女。しかも、離別の決意がもたらす悲哀の影と、夢と理想のために愛を代償にする毅然とした姿が透明感と劇化作用を引き起こす。心ならずも父親の禁断の恋の共犯者に仕立て上げられた子供に、そこはかとないエロチシズムの混じった夢をかきたてずにはおかない。

一方には「理想」や「理論」に依拠する美しさ、そして他方には、その幻想によってこそもたらされる悲惨な現実。こうしたありきたりの二項対立の物語は、もの心ついたばかりの子供の新鮮な眼と、我知らず共犯者にさせられた秘密の薄暗がりで育まれる夢、そしてそれに加えて、今や成人し、夢を見ることが許されなくなった語り手の冷静な眼といったように、二重の時間と二重の眼を媒介にして情感を湛える。

父親に代表される「良心的日本人」の「正義」と怯惰、それと「在日」の夢と理想とが野合して生まれ流布した物語。それを過去のものとして断罪し決別するために書かれたからこそ、逆に郷愁は美しくならざるを得ない。その美しさが、「幻想の狂気」と、それがもたらす悲惨とを照らし出す。

その他残りの三篇は、世代も時代背景も異なるが、それぞれの時点での語り手の現在を語る一人称の小説である。

「1963年の4月」もまた「帰国運動」が絡んでいる。その狂奔がようやく下火になりだした頃の、おそらく新潟近辺での、語り手の中学時代のエピソードである。

正義感と行動力と知的能力に恵まれた在日朝鮮人の女生徒とそれを取り巻く日本人の子供たちが

主人公である。東京の大学に通う兄が民族的正義という熱病にとりつかれ、家族揃っての帰国を主張する。しかし、この地に生活の根を下ろしてしまっている家族たちが直ちに同調するわけもない。とりわけ、祖国という言葉にリアリティを感じられない子供にとって、それはまるで降ってわいたような他人事である。だがしかし、「理論」の衣をまとった「狂信」の奔流は全てを巻添えにする。観念に呪縛された大人たちを冷静に見つめる眼を持ち始めながらも、まだ自立できない年齢という制約もあって、それに巻き込まれざるをえない「健康な」中学生と、その女生徒に共感を覚えながらも、在日朝鮮人の内輪に関与できるわけもなく傍観するしかない日本の子供たち。まだ戦後の民主教育という建て前がそれなりに信じられていた時代の田舎の子供たちの微笑ましい生き様は、郷愁をかきたてる。

次いで、道具立てからみて一九七〇年前後と推察される語り手の高校時代を扱った「水の中の八月」。高校三年生の夏休みである。水泳部の一員として水と格闘し戯れてきた青春も終わり、陸に上がらねばならない。大学に進学するなり就職するなり、将来の道を定めなければならないのである。とは言え、まだ夏休み。最後の猶予期間に、漠とした不安と期待に揺れ動く青春群像。陸に上がろうとするカッパたちの風景である。水の中の「詩」と目前に待ち構えている陸の「散文」との落差。

子供たちの面前で心ならずもその落差を体現して、生き標本となる人物がいる。水泳部の顧問として、生徒たちに「魚になれ」などと肉体と水との戯れを理想化する訓示を垂れているが、他方では、うだつの上がらぬ教師という現実がある。現実の手垢に汚れていながらもどこか憎めない中年男が、道ならぬ恋愛の果てに心中する。大層に言えば詩が現実に破れるというわけなのだが、もちろん、この小説、そうしたことが大仰に描かれているわけではない。

そんな教師を冷静に見つめ、それを他人事として突き放しながらも、自分たちに覆いかぶさる現実の洗礼として見ないわけにはいかない高校生たちの物語なのである。人間同士の関わりの不可解さやうっとうしさの中に、嫌が応にも身を投ずることを避けられない運命にあることを予感し、各人各様に、不安に苛まれつつもそれを手なずけようとしている。

例えば少々奇抜な女生徒がいる。地方の名士の一人娘としてその土地に縛り付けられ、ふさわしい相手をあてがわれて家庭という牢獄に閉じ込められる将来への絶望と抵抗というわけで、その身分にもっとも不適当そうな、知的でニヒルな在日朝鮮人の同級生の子供を孕むことを企て、登場人物たちに波紋、つまりは喧嘩沙汰を引き起こすといった具合。

もっとも、その喧嘩、決して陰湿なものではなく、むしろ肉体をぶつからせる爽快感が描かれる。真綿で首を締め付けてくる現実に対して、確とした現実感覚を取り戻させるシミュレーションとして肉体のぶつかりあいがある。青春特有の不安を肉体の濫用によって手なずけようと試みる若者たちの物語なのである。

ところで、その名士の娘が「種」として目をつけたのが「新井」という生徒である。資産家の親を持ち、次々と車と「女性を乗り替え」、ニヒルな言辞を弄ぶ在日朝鮮人生徒。ところがそうした奔放さの一方で、級友たちに己の出自を告白し、さらには、クラスで本名宣言をするといった生真面目さを発揮したりという二面性をもつ。但しその二面性なるものが相対立したり分裂しているというわけでもなくて、己が置かれた状況を突き放しつつ、「自然」に生きていこうとする健康な肉体とでも言おうか。だから、この新井君、まかり間違っても、「民族」や日本の差別といった出来合いの理屈を持ち出して他を非難したり、自意識の劇を演じたりすることはない。余計なことを言えば、この三人の登場人物は関川が好きらしい昔の日活映画を想わせる。とりわけ新井の人物像は、裕福な家の「妾の子」に生まれながらも「本妻」に引き取られ、優しい心根をニヒルで奔放な行動で押し隠している「裕ちゃん」を想わせるとでも言えば少しは分かってもらえるのではなかろうか。

次いで、一九八〇年頃と思われる韓国での、日本人ジャーナリストと在日朝鮮人女性の一対のカップルの別れを描いた「慶州バスターミナル」。いまだ臨戦体制の韓国への旅の途上で防空演習に遭遇し足止めを食らった二人。ルーティンと化した演習の倦怠とグロテスクが二人の関係と重なる。だしぬけに女性は別れを告げる。韓国通のジャーナリストである日本人の案内で「祖国」を訪問していた彼女が、右も左も分からない「異邦である祖国」での旅行を単独で始めようとする。この自立に至る経緯や心理は説明されないが、他者としての韓国の現実の不気味さと、男女関係の倦怠と虚ろさとが重なりあって、リアリティーを醸し出している。

そして最後に、一九八〇年代半ばと推察される「感傷的七月」。かつて恋人であった在日朝鮮人女性との再会を契機にした青春の清算の物語である。青春の傲慢と裏腹の甘えと自堕落とから、徹底的に傷つけたあげく、ついには愛想をつかされたかつての恋人と偶然に出会った語り手。あわよくばよりを戻せはしまいかという思惑が芽生える。ところが、一人で力強く生きている相手の現在を知るにつれ、それと釣合のとれそうな自足した生活という物語をでっち上げて、別れを告げる。語り手の感傷をはねつける女の健気さが印象的である。

以上のように、雑多な作品群で構成された小説集ではあるが、戦後日本に生まれ育った日本人男性の経験を綴った「私小説」的連作ということで一括できそうである。もっともこのような「語り手すなわち作者」という同一化は、わたしとしてはやましさが残る。作者がいかなる意図を持っているかはさておいて、これを関川の自伝小説として読まねばならないという謂れはない。作者関川とは自立したものとして作品を読むのが、作品さらには作者に対する最低限の礼儀だと小説の読者であるわたしは思っているからである。

とは言うものの、関川が設定した「語り手」の人生の断片の集積という読み方くらいは許されるのではなかろうか。北陸の一地方で生を享けた子供が、その地方での小学、中学、高校を経て大学進学の為に東京に上り、その後、もの書きもしくは写真家といった自由人もしくは「根無し草」になった。そうした語り手の人生の断片をつづった短編群くらいの連続性を読者はおのずと感じるだろう。

さらに共通性をと言うならば、その語り手と交渉を持つ在日朝鮮人が登場することくらいだろう。だから語り手たる日本人の「わたし」が人生の途上でふれあった様々な「在日コリアン」の姿といったことでまとめあげられそうである。

つまり、その在日「コリアン」なるものがこれら小説の主人公とは言いにくいのである。主人公はあくまで語り手のように見える。語り手の憂いや不安や希望と共鳴する青春群像。あるいはまた、語り手の屁理屈なりお節介なり求愛なりをはねつけ、現実を突きつける在日朝鮮人女性たち。どちらも問題は語り手の眼であり、語り手の屈託であり夢であり、語り手の感傷と居直りである。さらにはまた、そうした語り手が生きてきた戦後日本の社会が主題と言えるかもしれない。

「在日」の眼、他者の眼

といったように、「在日小説」という著者自身による命名の必然性を得心できそうにない。在日朝鮮人が少しでも姿を現わせばそれが「在日小説」なのか、と唖然とするほどなのである。

因みに、過去に、在日朝鮮人が登場する小説が日本人によって書かれたことがないわけではない。数多いとは言えないが、それについて論じるだけで一冊の書物が編める程度の分量になるのではなかろうか。なのに、そうした小説群、それが「在日小説」などと銘打たれることは殆どなかったのではあるまいか。だとすれば、在日朝鮮人が主人公とは言いにくいけれども、ともかく必ず在日朝鮮人が登場する自らの小説群に「在日小説」なるレッテルを自ら張り付ける関川には、当然なんらかの主張があるはずだ。関川の「在日小説」と、その他の在日朝鮮人が登場する日本人によって書かれた小説との差異はどこにあるのだろう。

調査研究の結果などとは到底言えないし、そのうえ乱暴な図式化であることを予め了解して頂かねばならないのだが、両者の最大の差異は、贖罪感の有無ではなかろうか。在日朝鮮人が登場するこれまでの日本人による小説の多くには、語り手である日本人が、何らかの交渉を持った在日朝鮮人の「歪み」に戸惑いながらも、交渉を重ねているうちに、ついにはその「歪み」の中に潜む「まっとうさ」を見付け出すという筋道があったのではなかろうか。そして、そうしたまっとうな人間にそうした歪みをもたらした責任が問われる。いわく、日本帝国主義の罪科。いわく、その罪科の責任を負わないで今なお同じ体質を保持している日本の差別社会。それは時として、贖罪感の押し売りめいたものを思わせ、その結果、作者の「良心的人間」というアリバイ証明の臭みが否めず、辟易する読者がいたかもしれない。

それに対して、関川の小説にはその種の臭みが全くといってない。そもそも関川の小説では経済的にも精神的にもすごく「まっとうな」「在日」が描かれる。ましてや日本の社会における差別がほのめかされることもない。贖罪意識などからは語り手ははるか遠いところにいる。そこに着目すれば、罪責感を持たない「素直な」日本人の眼に映る「現実の在日」を描いているからこそ、「本邦初の在日小説」なのだというように関川は考えたのかもしれない。その限りで言えば、なるほどと思わせられる。関川の描く「在日」はこれまでの様々な小説とは一味変わった「在日」であり、それはある視覚から見た「在日の現在」の一側面を捉えていると言えるかもしれない。

しかし、である。「在日コリアンを掬い上げない在日文学」などときつい言葉を発し、それを揶揄するために書いたと著者自らが公言したうえで「在日小説」などと命名しているのだから、まさかその程度のことではあるまい、とわたしは頭をひねるのである。

そこで、改めて、同じく「在日」を描いている他の小説群を参照してみる。もちろん、関川が全面的に批判しているいわゆる在日朝鮮人文学を、である。但し、文学的価値評価をするつもりはない。あくまで差異と同一を確認して、関川の主張の輪郭を捉えるためである。

「在日朝鮮人文学」と関川の小説の一見しての大きな違いは、語り手のステイタスであろう。関川の小説では、語り手かつ主人公は日本人であり、在日朝鮮人は個別的に個人の資格で物語に参入することを許されている。その個人たる在日朝鮮人にも「在日」的家庭があり、そのしがらみがあり、そのしがらみの中での喜びや悲しみがあるのだろうが、そうした「在日」の集団的生は間接的情報にとどまる。というより、そうした集団的な生は登場人物にとってもっぱら否定的なもの、例えば、束縛としてのみ現われる。いわく民族イデオロギー、いわく家父長制、といった具合。

それに対して、「在日朝鮮人文学」では在日朝鮮人たる語り手、そしてそれを取り巻く血縁集団、濃厚な同族意識を備えた在日の朝鮮人団体ないしは社会、そしてそれと敵対する日本の社会、さらには「夢の祖国」といったように、語り手ないしは主人公（たち）を中心にした幾つもの同心円の世界が描かれる。世代や資質によって比重の置き方には差異はあるけれども、語り手を取り巻く血縁集団を筆頭にした集団的生の束縛と喜び、さらには、日本の社会との軋轢を抱え持って苦しむ主人公が描かれる。というより、当り前のことだけれど、「在日」の集団と日本人との軋轢が複雑に絡み合ったところに成立する人間の生を描いている。

こうした語り手のステイタスの固定化は自然なようでいて実は奇妙なことだ。作者が在日朝鮮人だからといって、その眼からしか小説が書けないわけはあるまいし、逆に作者が日本人だから語り手も日本人でなくてはならないということもないだろう。それどころか、在日朝鮮人は日本人の眼に己がどのように映るかを、本気に日本人の身になって考えるくらいのことをしてもよいはずだし、逆に、「私小説」的狭さに批判的な関川こそは、在日朝鮮人の「不自由な眼」から日本人なり在日朝鮮人なり韓国なり朝鮮を書いてもよさそうなはずだ。理屈としてはそうであるのに、実際は理屈に沿ってはいない。

その理由は何か。先ずは、そのほうが書きやすいということがあるのだろう。小説を書こうとするとき、誰でもというわけではないが、己と等身大の語り手あるいは主人公を設定して、己の経験や知識に想像の味付けを施して語るというのはごく一般的な筋道であるようだ。それに加えて、資質というものがあるだろう。自分を語ることを好むメンタリティというものがあって、そうした資質が凡百の小説家志望者を生みだすし、その中からたまには優れた小説家も出現することがある。そのような事情は確かにあるだろうが、わたしとしては、それを単に「事情」としてではなく、そうした「形」に「作者の主張」を読み取りたい。書かれたことは、たとえ作者の無意識のなせる業であろうとも、やはり「小説家としての作者」の主張であると考えてもよかろうからだ。

たとえば、従来の在日朝鮮人文学が「在日朝鮮人の眼」を通して書かれてきたのは、そうすることでしか「在日」の真実を表現できないという、実のところはその真偽を判断しにくい「信憑」に由来していると言うべきだろう。（その信憑が一体何に由来するのかは興味深いものがあって、それを追求してみたいという誘惑にかられるが、ここではそれはさて置くことにする）。それと同じように、関川が語り手をもっぱら日本人とし、その眼から「在日」を描いたという事実に、関川の主張なり「信念」を読み取ることができるのではなかろうか。

ではその「信念」とは何か。関川は「在日」を「在日の眼」、少なくとも従来の常識的なそれを通して描くことに否定的であるようなのだ。例えば、関川の『由煕』評価には、「私小説的」眼差しが在日朝鮮人文学を狭く出口のない文壇的作物にしたという判断がある。つまり従来の「在日の眼」なるもの、とりわけ文学的なそれは、アイデンティティとか民族主義といった観念の囚人のそれだと看做され、観念の帳は現実を歪めるから、そうした因習的で悪しき回路を切断すべし、となる。集団主義を断ち切ること、他者の眼を導入すること、といったことがその為の工夫のようで、こうして、他者である日本人に見える在日朝鮮人の個人を描こうとした。そうしてこそ、「在日」は開かれ、当り前の人間の世界として浮かび上がってくるといった展望を関川は持っていそうなのである。

わたしとしても、そうした考え方に全面的に反対するわけではない。いろんな立場、角度から「在日」が描かれることに異論を差し挟むべき謂れはない。しかし、その小説や後書きから浮かび上がる関川の「在日」観に、わたしは相当に違和感を覚える。だから、その違和感の由来を考えてみたいのである。

「まっとうな在日」

改めて関川の「在日」観の特徴を、単に小説だけでなく、「後書き」をも材料にして拾いあげてみる。

第一に、関川の小説には差別に苦しむ「在日」は現われない。後でもゆっくり触れるが、「在日」差別など殆どない、と関川は「後書き」で記すのだが、その言葉と彼の小説は符号している。「在日」の屈託なり不幸は、専ら「在日」の中に居座る民族イデオロギーによってもたらされたとされる。「在日」の若者たちは旧来の民族イデオロギーに束縛されながらも、そこから離脱して健康に生きようとする個人として現われる。「在日」は在日朝鮮人社会という今や実態を失った空虚なイメージの世界ではなく、日本の社会でこそ生きているし、そうであるべきだ。極端な言い方をすれば「在日社会」から孤立してこそ健康だ、といったところか。旧態依然の「在日」社会が生み出した数々の悲惨、それにもかかわらず個人としての「在日」は日本の社会で逞しく生きているというわけである。

第二に関川が言うところの「在日」とは、おおむね在日朝鮮人二、三世のことである。それも、一世や在日朝鮮人集団の思考や感情などとは明確に距離を取り、いわゆる「民族主義イデオロギー」を自らのものとしていない二世三世。彼らは「在日」であるが故の不遇を言い立てない。これこそ、関川の登場人物のすこぶる際立った特色である。例えば、語り手と関わりを持った在日朝鮮人女性たちは語り手に対して、日本人としての責任を問い糺したりはしない。わたしなどの経験からすれば、愛し合った男女がぶつかれば、愛は憎しみを倍増し、あることないこと何でも並べたてそうな気がする。ましてや在日朝鮮人の女が日本人の男の不実と自堕落に愛想をつかせば、「あんたはやっぱり日本人、どうしようもない差別主義者」くらいの悪たれをつきそうなのに、そういうことは全く起こらない。関川の小説に出てくる在日朝鮮人の女性たち、見事なまでに「まっとう」なのである。或いは彼女たちが本当にまっとうといったわけではなくて、そういうことを書かないのが作者の決意であり倫理であり主張なのかもしれない。

第三の特徴は、右で述べたことと重なるのだが、女性だけでなく、少なくとも民族主義イデオロギーに毒されていない「在日」の人間的まっとうさである。裕福であるばかりか、知的能力などもなかなかのものである。「自堕落で劣等」な「在日」は不思議なほどに現われない。その一方で、そのまっとうさに影を差す「民族主義イデオロギー」に対するあてこすりが頻繁に顔をのぞかせる。北への帰国を強制する「熱に浮かされた」兄だとか、日本語の勉強を禁止する祖父だとか。だから、そうしたまっとうな「在日」たちの不幸があるとしたら、それは彼等が距離を取っている「民族主義イデオロギー」がその根源であるという具合なのである。また従来の日本人や在日朝鮮人知識人が喧伝する「在日」像の虚像性が揶揄される。「在日のまともな男はすべて日本人の女と結婚する」と登場人物の在日朝鮮人が語ったりする。

さて、先にも述べたように、そのように描かれた「在日像」にわたしは少なからぬ違和感を覚える。言い出せばきりがないので、小説のディテールを一つだけ取り上げてみる。「1963年4月」である。日本の学校に通う在日朝鮮人のこどもがためらいも力みもなく、自分が朝鮮人であること、さらには、家族が北へ帰国するかどうかでもめているといったことを、日本人のこどもに打ち明けるエピソードがあるのだが、そんなことがあの時代にありえたのかどうか、わたしはすこぶる疑わしく思う。

だがしかし、もっぱらそうした違和感を盾にして関川の小説群が駄目だなどと言えるわけがない。わたしはわたしがどういう人間なのか知らないし、自分が在日朝鮮人だから在日朝鮮人のことが分かるとも思っていない。世の中にはいろんなことがあって、わたしはそのほんの一部しか知らない。また、たとえ見知ったことがあっても、わたしの観念装置が、わたしの観念に沿わないものは消去したり変換してしまっているかもしれない。それに何より、たとえこの世の中に起こりそうにないことであれ、小説家は想像し、それを「リアル」なお話しに仕立て上げればよい。それこそが小説家の仕事というものなのだろう。

ただ、少なくとも、わたしにとって「リアル」なものと関川にとってのそれとが異なっていることは間違いがなさそうだし、その「リアル」なものの差異は大きい。わたしが関川の小説に「うまく書いているなあ」以上の感銘を受けないのはおそらくそのせいであろう。そうした事態をわたしの理屈で言えば、マイノリティにとっての現実と、マイノリティを覗き見るマジョリティにとっての現実の違いということになるのだが、こういう分かったようで実は何も語っていないに等しい言葉で済ますつもりはなくて、そのあたりのことはゆっくり書いてみるつもりだということを言っておいて、今はただ関川の書き方の特徴、そして、そうした書き方に現われる関川の「在日」観にこだわり、それが何に由来するものなのかを考えておきたい。

「別の次元」に開ける現実

先ずは、反措定の動機、といったものを想定できそうである。在日朝鮮人は誰でも差別に苦しみ貧困に喘いでいるというのは、時代錯誤も甚だしい観念的なお話にすぎないという主張。在日朝鮮人にも金持ちもいれば貧しいものもいる。差別に苦しみ、その怨恨でもって人生を暗く生きているものもいれば、差別など世の中にあることの一つ、たいしたことではないと言い切る人々もいる。といったように「在日」にも多様な現実があり、差別云々はもう耳にタコができるほどわんさと書かれてきたし、それに拘泥しているかぎり明るい未来などありえないのだから、それとは別の側面を描こう、それが自分の領域だとでも関川は考えたのだろうか。

もしそうであるなら、関川の言う「悪しき在日文芸」の世界と関川の「よき在日小説」は二つが揃って在日朝鮮人の世界が過不足なくカバーできるということになりそうなのだが、関川にそんなつもりがありそうにもない。「在日文芸」をほぼ全否定している関川なのだから、棲み分けなどとんでもない、あくまで自分の在日小説の世界が「在日」の現実だと主張しているのだろう。そしてその現実とは、差別などという「観念」や「在日という観念」とは「別の次元」に開けている現実ということになりそうなのだ。

では、それがどのような次元なのかを捉える為に、先に引用した後書きを手がかりにしてみる。「自分のことには異常なまでに詳しく、他の在日や日本人との関係には必ずしも目配りが足りなかった云々」である。他者が見えず、他者との関係が把握できなければ、他者と同時に立ち上がるはずの自己が捉えられるわけがない。したがって、在日文芸は「自己」たる「在日」を捉えそこねたという理屈になって、その批判がどこまで正鵠を得ているのかをさておくとすれば、関川の議論は得心できる。

但し、関川の言葉には少しばかり注釈を加える必要がありそうである。関川の言う「他の在日」とは、いわゆる民族なるものを生の規範にせず、したがって、差別を人生の色合いを決定する問題とみなしていない「在日」のことである。また、「日本人との関係」の日本人とは、「問題としての在日朝鮮人」などとは関係のないところで生きている日本人のことである。その人たちはもちろん差別などとは関係のないところで暮らしており、当然のごとく、差別に同情するという「過剰な」思い入れを免れていて、それ故にこそ、個別的に生きている「在日」と自然に交渉できるし、「在日」の姿が過不足なく捉えられるという理屈がありそうなのだ。そういうことなら、関川の「在日小説」と彼の理屈とが概ね符号しているということになる。

民族的な組織や血縁と切り離されて、日本の社会の中における「孤独な在日」、あるいは「自立した在日」を描いているという意味ではだから、関川の小説には「在日の現在」の一面が捉えられているとわたしも思う。現実にそういう孤独な群れが増大している。いわゆる「在日社会」の空洞化、あるいは拡散化。わたしの言葉で言えば、「在日朝鮮人のムラの解体」。

しかしながら、その拡散化現象が関川のような視点なり現実感覚で汲み尽くせるのかどうか。それが従来の「在日文芸」以上に「在日の現在」に竿差す可能性を内包しているのか。それがわたしには多いに疑問なのである。

関川には見えていないものがたくさんある。あるいは、見えているのかもしれない。『海峡を越えたホームラン』を一読すれば彼には見えているとしか思えない。見えていても語らないこと、語れないこと、語りたくないことがあるのではないか。もしそうだとしたら、何故そういうことが生じるのか。つまり、『海峡を越えたホームラン』とこの後書きとの距離がどうして生じたのか、という問題でもある。そうした事柄を明らかにしないうちは、関川の「在日」観、はたまた関川の「在日小説」に対する最終的判断を留保しておくべきだろう。

しかし、その前に予め約束しておいた宿題を果たしておきたい。そう、関川と対照的な世界、つまり、自閉した日本近代文学をさらに小型に、しかもさらに出口なくして、「自閉した小説」として成立していると関川が酷評する『由煕』の開放性を解き明かしておきたいのである。そのうえで、関川が語らない「在日」の世界、つまりわたしにとって「リアル」な「在日」の現実を述べたほうが、わたしの言わんとするところを了解していただけそうな気がする。わたしは他人のフンドシで相撲を取るのが好きなようなのだ。というより、いくら洗濯しても自分のフンドシの仕立てが悪そうな気がして恥ずかしいという思い込みがありそうなのである。

ところで、最後に一言。作品の全体を作者が統御しているとは必ずしも言えなくて、作者と作品との間にはいつだってずれがある。関川も然り、というより、関川という作者の「後書き」に垣間見える「観念」と関川の小説という「現実」との乖離である。

例えば「慶州バスターミナル」という作品に立ち戻ってみる。男女の別れが描かれているのだが、そこでは「観念としての男」を「情念の女」が拒否するといったよくある男女の相互理解の困難だけが問題になっているわけではない。朝鮮や「在日」の事情に当の「在日」よりも詳しく、「在日」

に対する導き手の役割を自任する語り手が、朝鮮に無知なうえに朝鮮語を全く話せない「在日」に、親切あるいはお節介の押し売りを全面的に拒否されている。わたしに言わせれば、男女であれ、日本と朝鮮であれ、思考が始まるのはこの理解を拒む現実の認識からであり、関川はそこから今一度考え、そして書かねばならなかったのにということになるのだが、関川はそこで筆をおいている。そこにこそ関川の限界なり弱さ、あるいは逆に関川の主張をわたしは見てとるのだが、ともかくそれを読めば、少なくとも小説の作者としての関川には、韓国・朝鮮通としての己の現実感覚や観念に胡散臭さがつきまとっているという自覚がありそうなのだ。なのに、そうした作品の作者に他ならない関川が性懲りもなく、在日朝鮮人の保護者なり代弁者を気取って、今や退潮の憂き目にあっている民族イデオロギーに対する断罪を起点にして「在日」総体に対する「善意」の忠告を「後書き」で書き記す。奇妙な構図と思わざるをえないのである。

こうした事態は評論家関川にとっては少々まずいことになるかもしれないが、その一方で、小説家関川にとっては名誉なことだとわたしは思う。関川には見えているのである、自分の位置が。なのに、何故……

第三章

李良枝の『由熙』評価をめぐって

『由煕』の現実を読む

「悪しき在日文芸」の標本として言挙げされている『由煕』に対する関川夏央の評言を念頭におきながら、わたしなりの読み方を明かにしてみたい。但し、作品の文学的評価を目論んでいるわけではない。何よりも、その小説がどのようなものとしてわたしたち読者に差し出されているのか、言い換えれば、小説『由煕』の現実を読者として素直に読み解くにとどめる。

在日朝鮮人の若者が祖国を理想化してそこに赴いたものの、現実の祖国にはねとばされて、失意のうちに日本に逃げ帰った物語、これが関川の評価の源になっている要約なるものらしい。しかもそうした読み方は関川一人のものではなく、関川と民族主義的イデオロギーなるものの捉え方において対照的な人々にも共有されているようである。

例えば、在日朝鮮人の知識人たちの中にもまた関川と大差ない理解をしている人がいるようで、実際にわたしは、著名な在日朝鮮人の文学者が講演会で、『由煕』に「民族に対する背信」を指摘する姿を見て驚いたことがある。民族的アイデンティティの獲得に失敗した若者を題材にした小説が「芥川賞」を与えられたという事実に、日本の文壇、ひいては日本の社会の「悪意」を嗅ぎ取り、日本社会の老獪な知恵と戦略に翻弄された李良枝という物語を作り上げ、それを吹聴することを責務と考えているふしがあった。小説を文学界における政治との関連で読んだり、日本と朝鮮の関係に還元して事足れりと考えているらしいのである。

そんなわけで、わたしは一個の小説作品の現実に執着することで、「日朝両翼」からの『由熙』断罪に反措定を提出するという身の程しらずの仕事に足を突っ込むことになりそうなのだ。

さて本題である。小説『由熙』の主要な登場人物は三人、由熙、彼女の下宿先で知り合い、少なからぬ関係を結ぶ語り手、そしてその語り手の叔母で下宿の女主人なのだが、それらの主要人物に立ち入るに先立って、伝聞の形でのみ登場する不在の人物たちに触れておきたい。由熙の父と女主人の亡夫である。由熙と語り手と女主人の交通が成立するにはこの二人の存在が鍵になっている。

女主人が見ず知らずの由熙を初めての下宿生として自宅に迎え入れる決心をするにあたって、人間的好悪というものも作用してはいるが、そうしたとりとめのないものを一度除外すると、亡夫が由熙の通う大学の卒業生であったという事実が最大の要因となっている（但し、とりとめのない印象、人間的好悪といったものが人間を動かす要因になりはしない、などと馬鹿げたことを言っているわけではない、念の為に）。夫はあの世に去り、後に残された娘も遠くアメリカに去ってしまい、夫が精魂こめて建てた家にひとり残された女主人。いわば亡夫の記憶に生きている彼女に、亡夫が愛した母校に通う在日朝鮮人の学生の手助けをする機会が与えられた。つまり、亡夫の遺志を継ぐ機会、さらには、亡夫と再び生きる機会が訪れたのである。

他方、由熙の父。由熙が「祖国」を訪れ、不毛とも見える努力をする契機は由熙の父の同族嫌悪であった。その嫌悪のいわれなきことを証明するために由熙はその地に踏みとどまり不毛な努力を継続していたのだとされている。馬鹿馬鹿しいといえばたしかにそうである。しかし、小説世界にはいつだってばかばかしい努力が満ち溢れていて、それを描いた文章が小説とは呼べないなどという小説の読者はまさかいるまい。

それにそもそもが、由熙の努力が馬鹿馬鹿しいものだなどとはわたしには思えない。父と由熙の関係に踏み込んでみる。

父親の同族嫌悪の由来は、信頼していた同族のある人物に騙されたことであったらしい。そうしたことはよくある。近ければ近いほど憎しみも倍増するというのは誰だって知ることを余儀なくされる現実である。しかも、異国の社会への異邦人の参入が難しいのは殆ど普遍的な現実で、異邦人は致し方なく、絶対的な強者である社会に取り囲まれた「小さな村」的な紐帯を結んで暮らすことになり、そうしていくうちに、騙し騙される関係になるのは珍しいことではない。たとえ珍しいことであっても、実はどうでもいいことなのだが、ともかくそのあたりのことに関しては、『由熙』の世界は現実をなぞっている。

そんな父の姿を痛ましく思った由熙が、父に対していわば同族のアリバイ証明をしようとしたとされているのだが、このあたり少し飛躍があるような気がする。但し、作中人物の心理的な解明をすることが小説の必須条件などとは言えないし、そんなことは少し想像力を働かせれば読者にはおのずと了解できることなのだから、おそらく作者は文学的余白を配置しているわけで、その配慮をしっかりと受け止めておくべきだろう。

ところで、近しい人が口汚い罵りの言葉を口にするのを見たり聞いたりして気持ちのよい人は稀なのではないか。できれば聞きたくないというのが人情なのだろうが、その心理はどのような構成になっているのだろう。単純化して言えば、愛する人物に汚れた言葉で汚れてほしくない、といったところではないだろうか。しかもその罵倒の対象が、単に特定の個人、それも外部の個人ではなく、「汚らわしい朝鮮人め！」といったように、他ならぬ父娘も含まれざるを得ない同族一般に広がりかねないということになれば、罵倒は父自身、娘自身にも跳ね返ってくる可能性がある。理屈としてはそうなるし、由熙もまたそのような感じ方をしたようである。

そうした父娘の振舞いなり感じ方を異常と断ずる人もいるかもしれない。「血なる観念」の落し穴にはまった愚行といった評価が出てきそうである。しかし、ある社会におけるマイノリティがついつい縛られてしまう観念なり情動というものがある。わたしは在日朝鮮人二世で、その自分に照らし合わせてそう思う。それは客観的に見れば、過誤を云々できるかもしれないが、人が生きている現実というものは正誤を云々する理知的客観とは必ずしも合致しない。当人にせよ、それが理屈にあっているなどとは思っているはずがない。いないがそうなってしまう。情動に翻弄された生というべきだろうが、それもまた人間の生の一側面であろう。

他ならぬ「父」自身を、そして「わたし」を罵倒することになりかねない父の言葉に聴覚を奪われ、苦悩するうちに、由熙が父を、そして己自身を救いたいと考えるようになったとしてもそれが異常だとは思えない。但し、それがどのような道筋をとるかはその人次第である。由熙は、父祖の地の文化を了解し、それを担保にして同族一般、ひいては自己を正当化しようとした。これを飛躍とする見方があるかもしれないが、それは彼女が見つけだした選択である。それをアイデンティティの眩惑などと余計なことを言いたくなるのは、アイデンティティ捜しという流行に飽いた果てに作り出された「アイデンティティ空虚説」といういまひとつの流行をなぞるだけで、実は小説について何も語りはしない。そうした烙印はひとまず差し控えておいたほうがよい。

ついでに言えば、この小説をいわゆる「差別」云々の問題に還元して読む必要などないとわたしは思う。そうした読まれ方を回避するためにということでは必ずしもないのだろうが、作者は主人公由熙の祖国留学の動機を被差別体験に由来するものとして描いてはいない。動機は父娘の関係に限定されている。そうした描き方に批判的な読者がいるかもしれない。日本における「差別状況」に目を塞いだ結果だというように。しかしながら、直接的な被差別体験など皆無だとする感じ方なり言い方は、在日二世三世の中で決して特異なものではない。差別を声高に主張する人たちだけが在日朝鮮人ではない。そういう類の感じ方に、自己隠蔽だとか心理的倒錯といった批判を向けることもできなくはないだろうが、だからといって、この小説が日本の社会への妥協を抱えもっているといった風にして読むわけにはいかないのである。先にも述べたが、この由熙なる人物は在日朝鮮人二世三世のある種の典型をなぞっていると言えそうなのである。

但し、同族のアリバイ証明をするためにわざわざ韓国にまで出かけなければならなかった、という小説の展開の裏には重要な事柄が潜んでいる。由熙の周囲に父親の断罪に拮抗し、さらにはそれを転倒できるような「同胞」が存在し、それを彼女が認識できれば、それを担保にして父親の同族批判に対抗できるわけで、わざわざ父祖の地にまで出向く必要はなかったはずなのである。なのに「祖国」に赴く必要が感じられたということは、由熙には「在日」社会でそうした存在が見あたらなかったのだろう。見えなかったのには幾つもの理由が考えられる。

狭量を云々されているらしい「在日」の中にも尊敬に値する人物が数多くいる。なのに、その姿が彼女に見えなかったとすれば、彼女は「在日」との交渉をほとんど持っていなかったのかもしれない。とすれば、そうした状況設定には「在日」の拡散、孤立という現実が組み込まれているということになる。他方、交渉を持ちながらも、そうした存在が見えなかったとすれば、それは彼女が父親の眼、さらには日本人の眼を内面化していたということになるだろう。「在日」は「在日」を否定する日本の社会の眼を程度に違いはあれ内面化してしまうものなのだ。そしてその日本の社会の眼は二重構造になっている。朝鮮人は劣等だ、が第一段階。それに加えて、「在日」はその朝鮮人のなかでもさらに劣等で、半人前の朝鮮人、というように。といったわけで、由熙の眼は見事に日本人の眼の反映になっているということになる。だから彼女は自分を救うためにも「ほんものの朝鮮人」を求めて韓国に旅立たねばならなかった、ということなのだろう。

無駄の果実

以上のように、この小説が不在の人物も含めた五人の登場人物を巡る物語であるという枠組みを設定したうえで、先ほどは後回しにした主要人物たち、とりわけ、語り手であると同時に登場人物でもある女性を中心に考えてみる。

わたし一個の感想を率直に言えば、この人物こそが特異に感じられる。たまたま同じ家に住むことになった年下の留学生に異常なまでに肩いれするこの女性、そしてその「姉さん」に殆ど体を預けて甘える由熙、この関係に作り物めいた違和感を抱くのはわたし一人だろうか。

だがしかし、その違和感ははたして小説を素直に読んだうえでのことであろうか、と思い返してみる。

由熙は既に四、五年にわたる孤独で辛い留学生活を送っており、女三人の静かなこの下宿先は、辛苦の果てにたどり着いたいわば夢の島である。そこで安らぎを覚えた彼女は「武装」を解く。そしてその長い武装の時期の反動として、甘えの奔流のようなものに身を任したという筋道は、現実の「韓国」でそういうことが起こりうるのかどうかという疑問をひとまず括弧でくくれば、決して了解不可能なことではない。

一方、由熙が「姉さん」と呼ぶ語り手の女性のいれ込みぶりはどうか。偶然に同じ屋根の下に住むようになった留学生に対する彼女の関わり方は尋常ではない。大学を出て就職して一二年あまり、三〇歳を越え、分別をわきまえ、他人との距離の取り方を習得しているはずの彼女が、読者から見れば過剰なほどの入れ込み方をする。献身的といってもよい。この事態を作品はどのように描いているか、そしてわれわれ読者はどのように得心するか。

韓国の社会が血縁、地縁、門閥、学閥のネットワークが張り巡らされた共同体的社会であることはよく知られている。内部における濃厚な関係、そしてそれと裏腹の「他者」に対する敵対意識もしくは無関心、そういうものが韓国の社会の基本的な構図だそうで、わたし自身の狭くて短い経験からも、相当に信ぴょう性がありそうに思える構図である。それに加えて、在日朝鮮人に対する必ずしも謂れないものとは言い切れないが、それでもやはり「偏見」としか呼べない固定観念もある。「国語」もしゃべれず、憎き日本の経済的繁栄のおこぼれをもらって慢心している無知な狼藉者といったところか。在日朝鮮人は「パンチョッパリ（半日本人）」というわけである。因みに念のために申し添えれば、このチョッパリという言葉は、獣に等しい人間という意味で日本人に対する侮蔑語である。だから「半」は半分獣という意味で、その意味を和らげた表現ということになるのかといえばそうではない。日本人は憎悪の対象、もしくは友好の相手として対等であるのに対し、パンチョッパリは獣の名にも値しない存在という意味も含意している、とわたしは思っている。

そうした現実を持ち出して、この語り手と由熙との関係と照らし合わせれば、尋常ではない。もしそうした現実とこの小説世界との接点を見付け出そうとするならば、女主人の亡夫の存在が鍵になる。学閥はこの社会の大きな力だからだ。この接点を通じて、由熙は一挙に女主人とその姪たる語り手の「内輪」に入り込んだということになる。これは由熙にとって幸運な事態と言わねばならない。そしてなるほど、その幸運をそれとして作品は描いている。由熙がそこに到達するまでに長年の辛い遍歴を要したことが報告されているのである。

しかし同時に、そうした幸運は全くの偶然とは言えず、語り手の側の個人的事情が大きく作用し、そこに目を注げばほとんど必然とも言えそうである。語り手にとって、由熙との出会いはいわば待ち望まれたものだった。婚期を逃し、淡々としてはいるが何かしら閉塞感のある日常を送る彼女は、無意識のうちに何かを待ち望んでいる。明確にそれとは意識されなかったその待機状態というものが、回想つまり再認識の過程で浮かび上がってくる。

何かを待ち望んでいた語り手の前に、由熙が現われたのである。対他関係における欠落とでも呼ぶべきものを語り手は隠し持っていた。彼女自身はなんとか内部に押し隠しているその欠落を、拡大し、さらけ出して生きているのが由熙である。したがって、外見は好対照でありながら実は自分の写し絵とでも言うべき由熙の手助けをすることは、彼女にとって自己セラピー的な性格を帯びる。だからこそ、彼女は尋常ならざる献身的努力を惜しまないし、その克服に失敗した由熙を、そして自分自身を許せない。それは彼女自身の失敗でもあるからだ。そう、彼女たちはたしかに失敗した。

しかし、それが拭えない失敗なのか。また単なる失敗の告白として作品が提示されているのかどうか。この小説の源には失敗がある。しかしそれは到達点ではない。

とりたてて新奇な形式でもないのだが、この作品は回想を中心としながら現在が語られるというように、回想と現在の二重の時間構成となっている。生きられた時間つまり過去を回想しながら、それを再―認識しようとする過程の報告なのである。認識の主体は語り手、そして対象は由熙であると同時に語り手自身でもあるのだが、そうした再―認識というものは、既に生きられた時間を凝固させるのではなく、むしろ、それをこれから生きられる時間、つまり未来に生かそうとする志を内包している。不断の解釈が、過去を未来へと開く。

由熙の痛々しい努力は「空しい」ものとして描かれている。共感あるが故にかえって厳しい批判的まなざしに晒されている。しかも、たんに語り手という他者から批判されているばかりでなく、その回想の内容を素直に読めば、由熙自体がその空しさを自覚していることは疑いを容れない。そうした形での努力の無効性を自覚しながら、他の方法を試す力を欠いているからこそ、由熙はその場を去る。しかしそれが決定的なものかどうか。

むしろその逆ではないのか。由熙の無駄な努力は厳しく批判されながらも、それと同時に、無駄でしかありえなかった必然からも光りをあてられることによって、そこから果実が立ち現われてくる。語り手の回想自体がその果実なのだということが次第に明らかになる。

不可解な他者である由熙を理解しようと努めながら、同時に「わたし」自身を認識しようとする語り手を持てたということは、由熙にとって稀有な幸運というべきであり、その「認識者」を媒介にした由熙の再度の企ての可能性をわたしたちは予見することができる。そうした認識の努力の過程そのものが語り手の感情教育にもなりえているのであるから、語り手と由熙がこの失敗の経験を内部に繰り込んだ新たな関係を作り出す可能性もまた排除されるわけではない。

由熙と語り手の現実の関係が幸福に包まれたものではなくても、他者理解、異文化理解というものが取りうる一つの道筋として、それが最悪のものだなどとは言えない。ましてや無駄で出口のない努力の告白などという作品ではない。奇を衒うつもりはないのだが、わたしの読後感は明るいものだった。さらに言えば、この作品がアイデンティティという流行のテーマに翻弄されたものだ、などとはとうてい言えないとわたしは思う。

『由熙』のテーマ

少し角度を変えて、改めてこの小説を読んでみたい。由熙のつまずきの原因でもあり、その最たる現われでもある言葉に対する由熙の関わり方に踏み込みたいのである。

先ずは話を大きく広げて、人間の違和感一般について考えてみる。ある対象に対する違和感なり拒否反応は一部に限定されることもあるし、全体的な場合もある。しかし、その両者に截然とした境界があるわけではない。白い和紙に一点の墨汁が落ちると、徐々に白を浸食していくように、些細な違和感が次第に膨れ上り、何もかもが我慢ならなくなったりする。「えくぼもあばた」というわけである。そうした違和感の野放図な浸透が食い止められるには何かが必要とされる。「えくぼはえくぼ、あばたはあばた、それに、あばたがあるからといって、それを嫌悪することは正しいことか？」といったような、好悪をしばしば決定づける情動とは別のところから発した防波堤、例えば、知性や倫理の介入が。こうして「全般化へ向かうわたしの嫌悪は非合理だ」といった修正の手続きが行なわれる。

その逆に、一見しただけで、全てが嫌といったこともあるだろうが、その場合でも、その拒否感、嫌悪感を自分で納得するために、一部に限定するべく努めることがある。「少なくともここがこうなのだから、わたしが嫌悪感を抱いてもそれは当然なのだが、それはあくまで、そこに限っての話である」というように。

そうした情動と知性のせめぎあいのシンボルが、由熙の場合は言葉なり音であった、というわけで小説に戻る。

由熙の韓国訪問は積極的な意志に基づいていたはずなのに、その意志が端から傷つき、受動性を刻印されていた。では何が傷ついたのか。先ずは聴覚なのである。耳をふさいで生きることは難しい。その難しさは臭を拒否するのによく似ている。嗅覚と同じく聴覚は選択しないし、しにくい。

聴覚の受動性、これが由煕の受動性を象徴している。音こそが物語の初源にあった。由煕の韓国訪問の動機は父親の同族嫌悪の言葉にある。その言葉の意味レベルをなおざりするわけにはいかないが、それよりむしろ問題は、その言葉が「話され」「聞かれた」言葉であったことなのである。その音声に傷ついた由煕はその傷を癒そうとして、その傷から出られない。音に捉えられ、それから逃れようとして、かえって耳をすましている。いわば嫌悪を倍加するために、あるいは恐れを募らせるために生きているかのようである。

滑稽であろうか。悲劇的であろうか。どのように言おうと同じことであるようにわたしには思われる。精神に刻まれた傷というものはそういうものだからだ。但し、その傷によって由煕が死に絶えたわけでもない。由煕の積極的な意志の残滓たる眼が、耳の傷の浸食によって瀕死になりながらも生きている。苛烈で峻厳なソウルの岩山、朝鮮の歴史と文化の本源の姿を象徴しているようなそれを「見る」ことに由煕は喜びを見い出している。さらには、由煕を苦しめるソウルの日常の喧騒の奥に、祖国の文化の根源としての静謐な音楽を発見し、それに対する憧憬というものも提示されている。

そうした眼と耳（言い換えれば、知性と情動）の拮抗があればこそ、傷の認識への道が、いくら険しくても残されている。また、由煕の内的葛藤あればこそ、「姉さん」は感能する。言わば精神的双生児によって、その傷の有り様への批判的認識の可能性が探られる。傷の癒し方が模索される。

そう、この小説は既に傷ついてしまった精神の姿を描いている。但し、既に述べたことなのだが、それはそうした傷の告白にとどまるものではない。傷ついた精神の癒しの探索の過程なのである。

それは一個の具体的な人間の傷ついた精神のその後であると同時に、歴史や運命を否応無く引き受けざるを得ない人間の「宿命」という普遍的な人間の物語でもある。歴史といおうと社会といおうと、それは具体的な個人の形で現われる。傷ついた歴史（ところではたして傷つかない歴史などあるのだろうか）が傷ついた人間の形をとって現われる。そういうものとしての傷がいかにして癒されうるのか、それがテーマなのである。

さて、癒しは何を媒介にして可能か。関係の所産に他ならない傷が、他者との関係を遮断し自閉してしまった一個の精神内部で癒されるはずもない。その傷を再生産、増幅するかもしれない他者との改めての遭遇、対決、そこに癒しの可能性を賭ける、いわば捨て身の跳躍の叙述がこの作品世界である。他者に巡り会い、失敗に終わった遭遇の形をとりながらも、実はその失敗にこそ、癒しの芽が育っているのかもしれない。そうした希望を、わたしは読み取る。

誰だって自らが与り知らない精神の傷を引きずっている。そして、それを意識してしまった人間はそれを癒そうとするだろう。ところがその努力がかえって傷を深くするということもよくある。その結果、その傷を抱えて由熙は逃げ帰ったというように解釈されがちで、その結果として、「逃亡した」由熙を笑う人もいるだろう。しかし人が笑おうと笑うまいと由熙は囚われており、そこからの脱却の道を捜し求めている。そしてその途上で、由熙は精神的双生児とでも言うべき語り手に出会った。語り手は由熙と格闘する過程で、その苦しみに感応する。その囚われ方、それは自らの秘められたそれでもあるのだが、それを書くことによって、認識の助けを借りて解放の手だてを探る。

わたしの以上の議論はもっぱら『由煕』という小説作品の形式にこだわっている。しかし、だからと言って、それを形式的議論として一蹴するわけにはいくまい。『由煕』という小説はそうした形式で差し出されている。その形式が充分に生きているかどうかという問題が残りはする。そここそ文芸批評の仕事の領域が始まるのだろうが、しかし、少なくともその形式を無視するわけにはいくまい。作家はこの形式を探し出した。この形式と遭遇したからこそ『由煕』という作品が書かれた。だから、この形式こそが作者の告白なのだ、くらいの読み方をひとまずしてみるのが作者と作品に対する最低限の礼儀ではなかろうか。小説は観念ではなく現実であるといった関川が口にしてもおかしくない言い方をもじるなら、この小説はこの形式あっての現実なのである。

誰にでも好き嫌いがあるし、何がリアルかということについても人それぞれに感じ方に違いはあるだろうが、そうした個人的趣味を盾にして他者を裁くわけにはいかない。そんな「自己中」を世間は認めないから、そうした配慮も絡んで、普通はそういうことは思いとどまるものだ。ところが、そうした個人的趣味に過ぎないものがある先入観と結びつき、さらには一種の使命感を帯びると、しばしば理論の体裁をまとって、デマゴギーに限りなく近づいてしまう。図式的な近代文学批判、あるいは在日朝鮮人文学批判、さらには在日朝鮮人の硬直した民族イデオロギーの単純素朴な反映として小説を読むことなく、作品の現実を読むべく努めたうえで、それと「在日小説」なるものの観念と照らし合わせるといった最低限の労力を惜しまなかったならば、「死人に口なし」を想わせるような断罪は出てこなかったはずである。

だから死者になりかわって関川に鉄槌を、などと、柄に合わない使命感に燃えているわけではない。たとえ作者がこの世にいなくなっても『由熙』は存在し続け、作品自体ばかりかその生みの親である作者を断罪する関川その他の議論の是非を糺すだろう。だから、わたしのような者が横あいからしゃしゃり出るまでのこともない。それに批評と作品との関係においてこの種の誤解、歪曲はさして珍しいことではない。読者は差し出された作品を勝手気ままに読んでかまわないと、ひとまずは言えるはずだから。但し、きちんと読まずに勝手気ままなことを書き散らす評者もまたわんさといて、そのでたらめにどこまでつきあえばいいのか困ってしまうのだが、自らを顧みて、「誰だって身すぎ世すぎの為なのだから、お互い様」などと苦笑いでも浮かべて放っておくしかあるまい。

ところが、である。こうした『由熙』評価を前振りにおいての、在日朝鮮人一般に対する議論は、たとえ善意から発せられたとしても、異論を提出しておきたい気がする。今度は、代理人ではなくて当事者なのだから、ようやく奥歯に物がはさまったような物言いから脱せそうなのだが、はたしてどうなることやら。

第四章 在日朝鮮人は「在日文学」を読まないという説について

七〇万の中の七〇〇人

「一般の在日コリアンは在日文学を読まない」と関川夏央は言う。在日朝鮮人文学が「在日」の現在をすくいあげずに、ばかげた民族主義イデオロギーと文壇的野心に翻弄された結果なのだそうで、なるほどと思わせる話である。しかし俗耳にはいりやすい議論には耳糞をよーくほじくってみたほうがよい。

ところで、一般に小説の読者はどれほどの数になるのだろうか。随分昔の話になるが、あの村上春樹の『ノルウエイの森』は一〇〇万部以上売れたとのことで、それを基準にして日本の小説の読者の人口比を算定すると、一億分の一〇〇万で一〇〇分の一となる。だが、いくらなんでもあの超ベストセラーを基準にするわけにはいくまい。また逆に、かのフォークナーがノーベル文学賞を獲得する以前は、アメリカ本国での読者は千に満たなかったという話をどこかで読んだことがあるので、それを基準にすれば、二億分の千で二〇万分の一となる。但しこの基準も採用するわけにはいかない。なにしろ、難解の定評高いフォークナーの小説世界である。それにまた、その数字をもってして、アメリカの人々をすくいあげていないなどとフォークナーの文学的欠陥を非難したり、フォークナーを読まなかったし読めなかったらしいアメリカの知的貧困を云々するわけにもいかないのではないか。もっと手近で言えば大江健三郎はどうか。ノーベル賞作家といっても、大江の小説の読者は限られているはずなのだが、それを担保に、相当な権威を備えた大江の文学的欠陥をあげつらうのにはよほどの勇気と綿密な手続きが必要であるに違いない。

そんなわけで適当な基準がみつけられそうにもない。そこで、またしても村上春樹にご登場願って、あの驚異的売り上げまでの村上の読者がコンスタントに一〇万程度だったという話を基準に、日本には一億分の一〇万の割合で小説の読者がいると仮にしておこう。そしてその割合を在日朝鮮人約七〇万にあてはめると、七〇〇人ということになる。

いずれにしても馬鹿げた詮索であることは重々承知の上なのだが、今少し我慢して頂きたい。ともかくその数字を基準にして、在日朝鮮人文学を読む在日朝鮮人が一〇〇人にも満たないという事実でも明らかになれば、そこで初めて、なるほど特異な現象だ、在日朝鮮人は在日朝鮮人文学を読まない、などと結論づけてもよいだろう。ところが、わたしの知るかぎりでは、そのような数にはおさまりそうにない。関川は彼の知る限りではと留保してはいるのだが、その「彼が知る限り」に過大な客観的価値を付与しているのではなかろうか、とまあ難癖をつけたいのだが、わたしだって「わたしが知る限りでは」を根拠にしているのだから、「おあいこ」である。それに、そもそもが、言いたいのはそんなことではない。

かく言うわたしの印象でも、一般に在日朝鮮人は、ついついそう思いがちなほどには在日朝鮮人文学を読まないようだ。近ごろ喧伝される活字離れもあるし、「真面目くさったもの」は端から敬遠するという、今に始まったことではないけれども近ごろとみに顕著な風潮もあるだろう。だが、それだけではない。在日朝鮮人だから在日朝鮮人文学を選り好むという人々も少しはいるのだろうが、その逆に、かえって敬遠するといった層もありそうなのだ。だからたしかに、予想に反して在日朝鮮人は在日朝鮮人文学を読まない、とひとまずは関川の言い分に賛意を示してもよい。しかし、一致点はそこが限界である。その理由をどこに求めるかという点で、わたしと関川とは全く別の方向に歩みだすことになる。

関川は在日朝鮮人文学を読まない在日朝鮮人になりかわって、責はもっぱら読まれない在日朝鮮人文学にあるというふうに犯人を特定したうえで、その「犯罪」を糾弾している。なるほど分かりやすい筋道なのだが、「代弁者」の正義感なり思い込みが当事者の内心を自分に都合よく錯覚したあげく、過剰な糾弾を自らの免罪符に仕立て上げて悦にいっている趣がある。

わたしは在日朝鮮人だからといって、その代表を気取るつもりなどない。現にわたしの拙い文章を読んで、「この人、変」といった類の感想を洩らしたり、「恥知らず」などと非難を向けてこられる在日朝鮮人が少なからずいらっしゃるし、「あなたは他のザイニチとは随分違った感じがする」などとおっしゃる日本人が幾人もいる。だからわたしに「在日」の代表なり典型を気取る資格などありそうにないのだが、そうしたことどもを含めて、在日朝鮮人として生きてきた自分の経験や見聞を通じて関川とは異なった見方をする。その見方というのは、己の内部を通して他者を覗くという、関川ならそれだけで批判しそうだけれど彼自身もまた援用しているに違いない狭苦しい見方だ。

潜在的な読者

さて、在日朝鮮人が在日朝鮮人文学を読まないのは何故か、と自ら問いを立ててみたものの、この問い自体に何かおかしなところがあるような気がする。そこで大きく迂回を試みることにする。

文学作品があり読者がいる。実際に読んでいる人もいれば、読む可能性のある人、つまり潜在的読者という広がりもある。字が読めない人であれ、字を習えば読めるようになるだろう。但し、一定の年齢を越えて文字を習得した人々が文学作品を鑑賞できるまでになるケースはそう多くはないだろうから、その人たちも潜在的読者と呼ぶのには躊躇いを否めないが、一応は可能性としては含めておきたい。というのも、日本人なら殆どありえないことなのだろうが、在日朝鮮人一世の多くは文字が読めないという事実を先ずはおさえておきたいからである。「在日」一世には日本語はおろか、朝鮮語ですら読み書きができない人が多い。だからその種の人々の殆どは、在日朝鮮人文学を読まないどころか読めない。それに日本語の読み書きに不自由しない少数派の一世もまた、あまり読まないのでは、とわたしは推察する。その種の人々は、あの昔流の天下国家を論ずるのは得意なかわりに、小説や詩など「女子供」のものという考え方を身につけている場合が多そうだからだ。

その種の人々、つまり一世が少数派になっているという事実はたしかにある。しかしそれはあくまで統計的資料にすぎない。そうした人々とは異なる時代感覚や経験を持った二世、三世と言えども、そうした人たちと共に生きたという記憶が意識に刷り込まれている場合が多い。その刷り込みが、一世の恨みを晴らすといったような極端に「民族主義的」現れ方をする場合もあれば、あるいは逆に、一世に反発し、否定しているつもりで実はそっくりなぞってしまっている、といったこともあるがいずれにせよ、二世、三世の無意識の世界には、日本語の文字を読めないままに日本の社会で生きてきた「文盲」の先人たちの精神と体験の世界が息を潜めているはずだ。

もっとも、関川の議論はこの一世あるいは一世に準ずるような層は対象外にしているので、そのあたりのことはここでは端折ることにする。

だから、問題は二世三世、あるいはそれに準ずる人々である。準ずるというのは、一世であっても二世と同じように日本語の教育を受け、日本語で意識形成を行なった人々という意味である。というわけで、その人々を在日朝鮮人文学の潜在的読者と仮定することができそうだ。

さてその種の人々は、日本語を母語とし、その多くは日本の公教育を受けて育ち、日本のテレビを見、日本の新聞を読む。そういう人たちが小説を読むとして、どんな小説を読むだろうか。もちろん、日本語の小説を読むだろう。そしてその日本語の小説の圧倒的多数はもちろん、日本人が書いた小説である。その中に紛れこんだ在日朝鮮人が書いた小説に遭遇することもあるだろうけれど、それは稀なことだし、わざわざそれを探し出して読もうとする人は特殊な部類に属する。何故特殊か。

先ずは読書、とりわけ小説を読むことは余暇の産物であるという一般論から始めてみよう。

この一般論、日本では必ずしも妥当しないかもしれない。いかに生きるべきかの指針を求めて小説を読む人々が多くて、その反映なのか、文学自体もまた、知的広がりやユーモアや娯楽性を失い、痩せ細ってきたというような議論があるからだ。わたしにはその種の議論の正否を判断する能力はないし、ここでその種の詮索をするつもりはないのだが、たとえそうした傾きがあるとしてもやはり、小説の読者は一定の時間と精神の余裕を持っている人々だという大筋は動かないのではなかろうか。その日の食べ物にこと欠くような人々に、実用になりそうにないお話しに時間とお金をかける余裕も欲求もありそうにも思えない。そして在日朝鮮人は、まさにその種の人々であった。その多くがそういう境遇に置かれてきた。

また昔話の蒸し返しか、と辟易する人がいるかもしれないが、そうした現実はいまなお残っている、とわたしは考えている。

安定した展望が持ちにくいから、かえってついついそれを求めてしまう。悪く言えば、拝金主義や立身出世主義の傾きが強い。この世は金以外には何も頼りになりはしない、が座右の銘であったり、権威に反抗しているつもりで、実はその権威を有難がり、追い求めるといったことが往々にして見かけられるのである。そして、その変種としては、現実への反逆というわけで、「政治的ロマン主義」という例もしばしば現われるのだが、いずれにせよ、芸術の不毛の環境ということになる。

「在日」の精神世界

この種の議論はたちまちのうちに様々な反論を引き起こすだろう。たとえば、苦労人にこそ人間がわかるとか、苦しみの中からこそ芸術は生まれる、という考え方に立てば、存在の与件として苦難を強いられた「在日」は、芸術創造や人間理解の宝庫ということになるだろう。しかし、それはあくまで一つの可能性にすぎず、逆の可能性もある。「貧すれば鈍する」というしばしば思い当たることの多い言い回しもあるではないか。

あるいはまた、「在日朝鮮人は類稀に優秀」という事実を踏まえない偏見だ、といった苦情も「在日」の側から寄せられるかもしれない。日本人なら唖然とした後で苦笑いを浮かべそうなこの「真実」なのだが、稀には同じようなことを口にする日本人もいないわけではない。もちろん「在日」の一人であるわたしは「お世辞」として有難く拝聴しているのだが、そうした口ぶりの裏に「偏見」の臭いをかぎ付けることもある。「劣等のあんたがたでも、思いの外やるじゃない」といったところか。あるいは「賎民には尋常以上のエネルギーが秘められているのではないか」という恐れの色が垣い間見えるような気になったりもする。

ともあれ、「在日は優れている」とか「朝鮮人は古来優秀だ」という歌い文句が、「在日」の内輪ではしばしば持ち出される。もちろん、一体感を強めるための「酒の肴」であったり、傷の嘗めあいや弱犬の遠吠えの一種にすぎないのだが、それでも全く無根拠というわけでもない。「酔っ払い」にも三分の理屈があるものなのだ。日本のスポーツや大衆芸能のヒーローが「朝鮮の血」を引いている場合が多いという「噂」に拠り所を求めたり、強いられた社会的、経済的条件から見れば、「優秀な」大学に進学する率がきわめて高いという例が引き合いに出されたりもする。正真正銘の「酔っ払い」ではあるが、その一方で、天の邪鬼という厄介な性癖を持つわたしにしてみれば、そういう「歌い」に白けてしまうのだが、身近にそれを証拠づけそうな事実を眼にすると、天の邪鬼などかなぐり捨てて、選民の一人として生まれた幸福を喜んだりするのだから、「ちょろこい」ものなのである。例えば、わたしが大学生であった頃、二年下の学年では、難関を取り沙汰される医学部の学生が一〇人に及んだことがあった。定員一〇〇名のうちで一〇名というのは、いくら「在日」人口が多い大阪でも異常な数字であった。

但し、こうしたことは「民族的優秀性云々」などと直接につながるわけがない。そうした事態を促す歴史的、社会的要因があったというだけのことだろう。学校を出て会社に入るという「尋常」のルートから排除されているから、それ以外に活路を見出そうと努める。

そうした事情は例えば、在日朝鮮人の高校生が志望する人気学部の変遷にくっきりと浮かび上がる。工学部から医学部そして近年では法学部がのしてきている。技術は国境を越えるはずというわけで「手に職を」という発想。それに加えて、「技術は国境を越えるとしても、組織の鎧に撥ね付けられる」という現実もあるので、自営できるかどうかの展望が強く作用する。例えば、法学部の躍進は、四〇年ほど前の一人の青年の「蛮勇」を契機にして弁護士の道が開かれたのがきっかけになっていることは確かなのだが、それに加えて、弁護士の魅力の一つは自営の道があることなのだ。「アウトロー」でも、「ロー」を飯の種にして、食いつなぐことができる。医学部もしかり。一時など、医学部（女性の場合は薬学部）でなければ大学に行く必要はない、したがって勉強などしても仕方がない、という風潮まであった。しかし、工学部にはそれは当てはまらないのではないか、と疑問が出てきそうだが、そのとおり。「技術は国境を越える」という幻想に踊らされていた「在日」が、この日本では「技術は国境、とりわけ会社組織の伝統的メンタリティは越えられない」現実を痛感するに及んで、工学部人気は著しく低落し、医学部ならびに法学部がそれに取って代わったのである。

だからこそ、近年では就職差別が少しは改善された状況を反映してのことであろう、医学部と法学部の人気が高いのは相変わらずだが、いろんな学部に学生がちらばるようになってはいる。

随分わき道に逸れてしまったが、生きる道のこのような狭い展望が「在日」の精神世界に大きく作用しているということが言いたかったのである。要するに、金にもならないものに資本と時間を投下する余裕を在日朝鮮人は日本人と比べて持ってこなかった、というなんとも弁解がましい話になってしまうのだが、これでは嘲笑されるだけであろう。駄弁は切り上げて、もう少し本質めいた話に移ったほうがよさそうだ。

マイノリティの心の形

ことはマイノリティの意識の問題である。あるいは、他ならぬ自分自身をおとしめる価値観を内面化してしまった人間の問題。在日朝鮮人は殆ど物心がつくかつかないかのうちに、日本の社会の価値観を空気のように呼吸し、それに脅かされている。先験的に悪だとか劣等だとか、そういうものとして己を見る。見させられる。

但し、すんなりとではなく、抗いはする。まずは事実確認というわけで、どこにその劣等の指標があるのか点検してみる。そして、なるほど見つかった、と思わざるをえない時代もあった。まともに日本語も話せず、汚く貧しいといった「劣等」の指標を、自分と血縁もしくは同類を宿命づけられている人々が備えていたのである。但し、それだけのことなら、肉親や同類とは言ってもやはり他人だという逃げ道がある。自己をそうした集団から切り離せば、そうした指標は自分とは無関係という理屈が手助けしてくれそうなのである。ところが、である。たとえそうした指標が見つかろうと見つからなかろうと、実は変わりがないのである。先験的に自分が劣等を刻印された存在であると、この社会の眼、そしてそれを内在化してしまった己の眼が語っている。だから、そうした価値観への抗いは出口のない堂々巡りとならざるを得ない。

そうした袋小路から抜け出すためには、強力な対抗的理念なり観念が必要となる。朝鮮人は劣等だとする価値基準はそれ自体が一つの観念に他ならないのだが、しかし日常的に経験することで反芻し意識に刷り込まれる現実でもある。それに対抗できる現実があればいいのだが、そういうものは殆ど見当たらないし、そもそもそういうものを発見する眼が備わっていない。眼は観念の色眼鏡をつけているからだ。だから、現実とそれを基礎づけている観念に対抗しうる、いまひとつの強力な観念にすがり、それを自分のものにするしかない。

たとえば、戦後民主主義の理念というものがあった。出自を問わず誰でも平等だとする、例のあれである。少なくとも学校の教師の口先には辛うじて残っていたそれを、彼らは取り入れる。しがみつくと言ったほうがよいかもしれない。そうしてこそ、内面化してしまっている観念と、己の眼に映る現実を抑えこむことができる。もちろん、それはたやすいことではないから、しばしば、そのしがみついた理念に矛盾したため息をもらす。

「日本人として生まれていたらどれほどよかったことか」。もちろん、ただちに自己矛盾に気付いて、立ち往生する。

こうした出口のない心理的往還を繰り返している在日朝鮮人は、往々にして自分を「まがい物」と思いがちだ。しかも、自分だけではない。自分につながる人たちのことも「まがい物」と看做す性癖を持ってしまいがちなのだ。それは結果として、韓国を良く知る日本人が在日朝鮮人を無知な「まがい物」とする見方と符合している。また本国の朝鮮人が日本の差別社会を糾弾し「在日」に同情するような言葉とは裏腹に、在日朝鮮人を「まがい物」の朝鮮人、もしくは「まがい物」の日本人と見るのと似ている。しかし、外見は似ているようで、やはり大きく異なる。やましさが伴うのである。自分はともかくとしても、自分を生み育んだ親や肉親たちを「まがい物」と看做せば、彼ら彼女らを否定することに他ならず、裏切り者としての心理的葛藤を伴うのである。

抽象の迷路にはまりこんでしまった気がする。幾つか私的な具体例を挙げてみたい。

その昔、学校や地域の運動会などには万国旗が飾られていた。そこに見知った韓国の旗を見ると、子供の頃のわたしなどはギョッとし、ただちに周囲をうかがったものだ。その旗が、隠しているつもりの出自を「ばらす」危険があるとでも思ったのだろう。それは、日本人を装っている自分の正体を「ばらし」かねない「在日」が同じグループにいることに気付いた時の、居心地の悪さに似ている。そしてそうした感じ方自体に、己の人間的欠陥の証拠を見つけだしたような「やましさ」も感じる。だからというか、それなのにというべきか、ついつい万国旗の中にそれを探し出そうとする。なければないで、差別を思い、あればあったで、これまた困ってしまう。なんともはや、厄介な精神構造を抱えてしまっているのである。しかし、そうしたことをもってして、「在日」二世三世の特殊性を云々しようしているわけではない。誰だって一定の生まれ方、育ち方をすれば、そうなりかねない心の形に眼を向けているだけのことである。

ついでに、もっと分かりやすそうな例を挙げてみよう。日本と韓国あるいは「北朝鮮」とのスポーツの試合をテレビで観戦している「在日」はどんな感じ方をするだろうか。一世ならその殆どが「祖国」を応援するだろう。しかし、二世三世ならどうだろうか。気がついてみると、日本を応援していることがある。なんと言っても馴染みがあるのだから、自然なことと言うべきだろう。ところが、そうした自分の「自然さ」に「不自然さ」の疑惑を拭えない。自分は朝鮮人なのに日本の味方をしているのは不自然ではないか、と。いやいや、日本で生まれたのだからそれも当然だ、などと思い返したりもする。しかし、そう思い返す過程で、自分はただこの社会の「強い」側、つまり日本に尻尾を振って味方をしているだけの人品卑しい人間ではないかといった疑念を抱え込んでしまう。

スポーツは国境を越えるなどという美辞麗句を信じるほど気楽な人は少ないだろうが、スポーツ報道ほどショービニスムが恥ずかしげもなく、いやむしろ勝ち誇ったように発揮されるものは珍しい。ニュース報道などではソフィスティケートされ抑えられた本音が、スポーツ報道では、その分を取り戻そうとするかのように、過剰に吐き出され、韓国や北朝鮮に悪役を振り当てる性根が驚くほど不変の定型として生き続けている。わたしくらいの世代ならついつい、あの昔の李ライン報道と重なってしまう。常識をわきまえぬ乱暴者の「チョーセン」といったように。だから、そうしたメディアが取る音頭に乗ってしまっている己は、己を排除する日本的ショービニスムのお先棒をかついでいる、と思わざるを得なくなる。その「資格」がないのにそうなりきっている自分に愕然とし、べとつくような後味の悪さを残して興奮が消えていく。

あるいは逆に、「祖国」の応援をしている場合もないわけではない。そのとき「わたし」は満足感を覚える。「祖国」を応援できるほどに、自分の中に巣くう劣等感を乗り越えることができた、というわけである。ところがその満足も永くは続かない。「祖国」のチームのプレイの「乱暴さ」に鼻白み、あげくは、いくらなんでもひどすぎる、と思ったりする。ひどく「見える」のである。

但し、本当に「ひどい」のかどうか。というのも、ある仕草なり振る舞いを信義に悖るものとするかどうかは文化によって多いに異なる。もちろん普遍的な部分もありはするだろうが、少なくとも外見上は、文化的差異を少なからず持つ。ところが、わたしたち「在日」は「過剰に」日本的になろうとするから、それをありきたりの文化的差異として見ることができない。

公平に対する偏執

「在日」は日本で生まれ育ってきたのだから、日本の風俗習慣を身につけている。しかし、どこかで欠損を抱えているような感じにつきまとわれている。ほんの些細な「欠損」であれ、時としてそれが大写しになって眼前に浮かび上がる。本物の「日本」を知り、それを自らのものとしなければ、それを口実にこの社会の門戸が閉じられてしまいかねないといった不安を持っている。だから過剰にそれに執着する。本当の日本人のように、という偏執に囚われ、まるでそれがアリバイ証明であるかのように、日本的マナー感覚をものにしようとする。実のところは、殆どものにしてしまっているはずだから、それはまさに「過剰」なのである。

そうした過剰を抱えている「在日」は、文化的差異の知識のないままに、「祖国」とは言うものの実際には暮らしたこともない文化の一面を見て、その「野蛮さ」を即断してしまう。「祖国」を野蛮と断じることが己の「日本性」の証明にもなる、という無意識の当為も作用しているのだろう。そしてまた、そういう野蛮さとつながっているかもしれない自分の秘められた可能性に恥ずかしさを覚えるからこそ、余計に許せなくなるのだろう。「祖国」などその名に値する価値を持たない、「祖国」なんて糞食らえ、といったことになったりもする。

こうした面倒極まりない心理的往還は、「公平さ」に対する偏執に由来している。公平ならざる位置におかれた己を救う為にも、世の中が公平であってほしいし、自分は公平でありたい、という積年の願望が偏執となる。そして、世の中というもの決して公平ではありえないのだから、挫折する運命にある願望を補完し、つじつまを合わせるために、あるものが忍び込む。怨恨である。

「在日」にあっては、民族主義であれ、反民族主義であれ、実は同じことの二つの現われと言えなくもないのである。つまり、公平さへの強烈な願望とそれに見合う負荷のかかった怨恨とが分かちがたく絡み合っている。

この世が力と力のぶつかりあう世界だと人生の早い時期に合点すれば、怨恨など弱い者のエクスキューズとして処理するだろう。勝てばいいんだ、強くなろう、ということに。そうした人々が「在日」にだっていないわけではなく、その種の人々から見れば、言っても詮ないことを呪文のように唱えている「在日」は怠惰な負け犬ということになるかも知れない。また他方には、祖国が駄目だから自分たちは差別されている、だから祖国が経済力その他で、一等国になれば状況は一変すると信じる「現実主義」的民族主義者もいる。

そうした強い「在日」からは馬鹿者呼ばわりされそうな「在日」、つまり「わたしのような在日」の話がわたしの持ち場である。というわけで、殆ど繰り返しになりそうなのだが、いまひとつ情けない話を。

例えば恋愛。日本には「在日」よりも日本人のほうが圧倒的に多く、知り合う機会なども「在日」よりも日本人のほうが多いから、「在日」が日本人と結婚する数が多くなる、というわけでは必ずしもない。むしろ、「在日」は「日本」に恋しているからだ、と言うべきではなかろうか。

自由な個人が自由な個人に恋する、というのはロマンチックな夢物語。人間は内面化された価値の序列に衝き動かされ「上に向かって」恋をする。そして、通常はあからさまには見えにくいそうした情動が、露骨に現われるのは「持たない」人間たちにおいてであり、「在日」はその持たざる人なのである。何を持たないか、日本国籍であるというのはもちろんなのだが、それだけではない。日本人として生まれた人々の「普通」の感覚を、である。国籍などなんの意味もない、と暢気に言い放てる自由さを、である。そうした人はそれを持っている人に憧れる。恋が憧れの最も見やすい形である。「在日」は「普通」に恋をする。つまり、日本人に恋する、というわけで、それがある種の必然といっても言い過ぎではない。

そのうえさらに厄介なのは、「ただの普通」にはなりたくないという願望もまた合わせ持ってしまいがちなのである。普通になるために並々ならぬ苦労をしてそこにたどりついたのだから、ありきたりの「普通」では勘定があわない。というわけで、「ありきたりではない普通」という絶対的矛盾を内包した願望を育んでいるということになる。やれやれ。

こうした理屈に鼻持ちならない被害者根性（あるいは、選民意識と言ってもいいかもしれない）を嗅ぎつける人々が数多くいるだろう。それればかりか、そんなことをいくら言い募ろうと、わたしたち「在日」を「明るく元気に」活かせるわけでもないであろう。それは重々承知している。しかし、わたしはそういうことを改めて思い起こすことによって、それを清算する道を捜し求めているのである。

ところでこれまでわたしが辿ってきたのは、意識が形成される過程のことである。つまりおおむね思春期までに焦点をあてており、そうした「幼い」心理的葛藤は現実の生活を積み重ねていくうちに乗り越えられる場合がある。食っていかねばならない。「暇な心配」にかかずりあっているわけにはいかない。生きるための多忙は青春の煩悶などは忘れさせてくれるという利点があるものなのだ。それに、生きていくうえで格好の知恵、諦めというものもある。だから、先に言った「乗り越え」が本当にその名に値するのかどうかは疑問の余地が多いにあって、隠蔽と言ったほうがよいのかもしれない。が、ともかく意識の前面からは姿を消してしまうことが少なくない。

しかし、一方では、そうした生活上の必要による乗り越えに先だって、観念でもってその乗り越えが企てられることがある。民族的アイデンティティの確立というのはもちろんその一つであろうし、民族などという観念自体を完全に否定するというのも、向きは逆であるが、同じような一つの極限であるだろう。

その昔、アメリカの黒人たちが、同胞たる黒人を恋愛の対象として考えるのが難しかったという話は、在日朝鮮人とも無関係な話ではない。配偶者として在日朝鮮人を選んだとしても、そこには往々にして諦めなり観念の抑圧が作用している。もちろん、そうしたものとは別の次元に行き着くこともあるけれども、それには何かをきっかけとした価値の転換が行われた結果であろう。黒人たちが「ブラック・イズ・ビューティフル」という観念（自己肯定）を軸にして、心に映る世界の色を塗り変えることができたように。

以上のような「在日」の内面が日本人に知られることは少ない。

日本人の「ふり」

「在日」二・三世の多くは、日本人のなかにただ一人、日本人のような「ふり」をして紛れこんで生きてきている。そうした経験は、彼、彼女の中に一定の心的態度、排除される怯えを育む。その結果、たとえ、日本人の「ふり」をやめたとしても、自分は他の「在日」とは違うのだという立場を取りがちになる。「在日」の主流に対する異端の立場に身を置けば、日本人は「在日」としてではなく、一人の個人として受け入れてくれるのではないか、といったわけで、日本人の集団の中に「在日」が複数居合わせたら、彼等はお互いに距離を置く。「在日」が集団を形成しそうな素振りでも示そうものなら、日本人集団は硬直し、受け入れてはくれまいとの予感のせいである。といったように、防衛本能が働いて、「在日」同士は他人行儀でよそよそしくなったりもする。

そんなわけだから、「在日」の言葉をむやみに信じてはならない。場所と時とによって彼、彼女は比重を変えて言葉を組み立てる。とりわけ、日本人に向けて語られた言葉を真に受けてはならない。無色透明を装うために、日本と対立する集団、つまり「在日」なる括られ方を嫌がる傾きを持っている。わたしはたしかに「在日」ではあるけれども、一般の「在日」とは違いますよ、といったわけである。それが日本の社会に受け入れられる為の必須条件とでも言わんばかりに。物心ついた頃から育まれてきた「在日」からの離脱願望は執拗に生き続ける。三つ子の魂、一〇〇歳まで、とはうまく言ったものだ。

それと同じように、「在日」が「在日」に語る言葉も額面通りに受け取るわけにはいかない。永い「日陰の身」の反動が過剰に現われるからだ。うまい具合に自分を全面的に受け入れてくれる民族集団との遭遇に成功すれば、武装を解くこともあるが、その武装解除自体もいまひとつの鎧になってしまいかねない。これまでは言っても分かってもらえるはずがないから抑え込んでいた内面の経験を語り合って、「そうそう」と頷きあって安らぎを覚えるのだが、そうした同胞性の確認は、一体感を強めるために過剰に情緒的な同語反復になってしまいがちで、差別を誇張したり、即席で習い覚えた民族主義的言辞に正義や真実を見出したりする。但し、これは多くの場合、一つの通過儀礼にすぎない。四六時中、「在日」という内輪で暮らしているわけにはいかず、改めて自己防衛を必要条件にする日本人の世界に出ていかなければならない。けれども、そうした内面吐露、そして安らぎを経てこそ、心理的な相殺がなされて、精神の安定が生じることが多い。それを成熟と言う人もいれば堕落と呼ぶ人もいるが、ともかく、そこで改めて、この社会で生きるための、以前と比べればバランスのとれた思考が可能になる。様々な限界を抱えながら日本人も朝鮮人も生きている。接点を探って生きていこうではないか、と。しかしそうした心境に達するのは人生のそう早い段階ではないし、逆に、差別を科学的めいた言語で語ることに耽溺し、それをエクスキューズに用いる癖を肌身離せなくなってしまったと映る人もいるだろうが、そうした人たちであっても普段は普通に暮らしている。この社会、シビアであって、見つけ出したはずの「正義」や「真実」など全く通用しない領域が多いし、誰だってそんなことは承知しているのである。

本当に長々と回り道をしてしまった。ともかく、そうした在日朝鮮人の前に数々の小説を差し出すとしよう。その人は何を選ぶだろうか。巷に出回る小説の中に在日朝鮮人文学がどれほどの割合を占めるか。一万分の一としても相当に高く見積もっての話である。がともかく目の前にそれもまたあるとして、彼、彼女はそれを選ぶだろうか。

ひょっとして手に取って見ることもあるかもしれない。その時彼は何を感じるのだろうか。そこに自分の似姿が書かれているとしても、それに感激するなんてことは稀であろう。その姿は概ね自らが体験してきたことであり、目新しくなどない。むしろ時として、不満や失望を覚えたり、さらには己の恥が曝け出されているから許せないといった思いすら持つかもしれない。日常的に目を背けたいと念じている現実が拡大して書き込まれた物語は娯楽にはならないし、生きるよすがにはならないように見えもする。自分の暗部を改めて確認する小説世界が「在日」の関心を呼び起こすということもあまり起こりはしないのである。

とりわけ、生き方の手っ取り早い指針を求めて在日朝鮮人文学を選んだ場合、往々にして「なまぬるい」と感じられるに違いない。関川なら、在日朝鮮人文学はプロパガンダ臭が強い、とでも言いそうなのだが、よほどに拙劣のものでなければ、そういう評価はあたらない。それは迷いとためらいの世界であり、その結果、小説は行動に、そして現実に遅れを取るように見える。だから、小説に行動の指針を求めて満足が得られることは稀なのである。

といった具合に、「在日」だから在日朝鮮人文学を狂喜して迎えるというふうには必ずしもならないのである。一度心身に刻印された「まがい物」という自己認識、そしてその拡大版たる集団認識は、ちょっとやそっとのことでは「わたしたち」を自由にしてくれないようである。

民族学校に通う二、三世

ところで、これまでのわたしのつぶやきは大きな欠落を抱えている。日本語をほぼ母語にしながらも、日本の公教育を受けていない二、三、四世がいるのに、そのあたりには一言も触れていないからである。日本で「民族学校」に通った人たち、或いは現に通っている人々のことである。

この種の人々について詳しく述べる材料をわたしが十分に持ちあせているとは言えないのだが、それでも限られた知見を基にしてわたしなりの感触を明らかにしておきたい。

先ずわたしに言えることは、日本の公教育を受けていない彼ら彼女らにとっても、母語は日本語であるという点に変わりはないだろうということである。学校では朝鮮語の世界に生きているというのが建前であったとしても、家に帰れば日本語が中心になっており、主に日本語で思考し、感情を表現しているに違いない。

因みに、彼らが用いる朝鮮語は「在日民族組織語」ないしは「在日民族教育語」という変種らしくて、その紛い物性を貶めたり嘲笑したりする人たちがいるらしいのだが、それについて一言。日本の社会の中で、純粋な民族空間を創り上げること自体が既に相当の無理を孕んでいる。しかし、その無理とは、無理としてあったし今も尚そうである「在日」の歴史の派生物の一つであり、無理に他ならない「在日」の歴史を理の通ったものにしようとする努力の一つが「在日」の民族教育であった。その努力の方向性に関してはさまざまな議論があるだろうが、そうした努力を引き受けることに意味を見出してきた人たちのほとんど無償の努力という事実を確認しさえすれば、そこでようやく獲得されてきた民族語の世界を「正統」と引き比べて紛い物扱いする権利など誰にもないし、してならないことだとわたしは思う。それを「在日」が置かれた条件の中で創り上げてきたひとつの文化として認めることが最低限の礼儀ではなかろうか。

さて、一世たちの意識と無意識の世界で朝鮮語が大きい位置を占めていると言っても、彼らはこの日本で朝鮮語の囲いの中でのみ生きてきたわけではない。情報は日本語を媒介にして入ってくるし、仕事その他で日本の社会と無関係に生きられるはずもない。しかも、彼らが生まれ育った「祖国」の地、そしてその時代と日本の現代社会の差異は大きく、今・ここの日常を彼らが知る「祖国の言葉」では語れない場合も多くあり、次第に日本語が彼らの言葉・朝鮮語を食い破る。ましてや、今や、子供を民族学校に通わせる親たちの中心は二世・三世さらには四世・五世なのだから、その家庭では日本語が主要な言語になっている。当然、その子供達の母語、そして日常語は日本語であろう。民族教育の成果もあって、先に述べた「在日民族語」たる朝鮮語をある程度は操り、学校や公の場ではそれで意思疎通を図っているとしても、彼らもまた、日本語の世界に生きている、と言って大過ないだろう。

そして、そうした彼らもまた、在日朝鮮人文学をさほど読みはしないだろうとわたしは推測する。彼らは学校で朝鮮民主主義人民共和国の公民としての教育を受けているという。民族の誇りなるものを基点にして、共和国の人民、「在日」の公民に仕えるべく教育を受けている。日本帝国主義の歴史、さらにはその残滓たる朝鮮人差別に対しては、それと戦うべき前衛というわけである。その「戦士」に、「在日」的屈折などはふさわしくない、むしろ克服すべきものとされているだろう。それに加えて、彼らの到達目標は、祖国の言語である。「奴隷の言葉」たる日本語で書かれ、差別云々に絡んでの青春の煩悶などが描かれた軟弱な文芸など、禁書とまではいかなくとも、奨励の対象になるはずもない。それに先にも記したことだが、彼らにとって、日本の公教育を受けている「在日」は、遅れた分子である。それればかりか、敵たる日本の社会に尻尾を振って追従しているいわば裏切り者といった感じ方もなくはないだろう。当然のごとく、彼らがたとえ日本語の文芸に手を伸ばすとしても、それは在日朝鮮人文学ではないだろう。

但し、以上の推測は図式的すぎるかもしれない。彼らには彼らなりの「在日」的屈折があるに違いなく、彼らが日常的に呼吸しているそうした「在日」的日常感覚と、彼らが与えられる理想や当為との落差、その裂け目をどのように取り繕いながらこの「在日」的環境を生きているのか、これについてはいつか改めて触れることにして、ここではひとまず切り上げておきたい。

在日朝鮮人は「日本」と「朝鮮」に緊張し、緊張するから過剰にアンビバレントな対応を反復する。それが「在日」の存在条件なのである。こうしたしつこい理屈に関川なら「自分のことには異常に詳しく、他人に目配りが行き届かない」典型を見るだろうが、それは関川が依拠する現実と同時に、厳然として存在するもう一つの現実だというのがわたしの考えなのである。そうした現実に届かない「在日」論は訓辞の罠に落ち込んでしまう。

関川は自分の眼と耳に快いものしか受け止めていない、とわたしは思う。「快い」というのは「甘い」ということだけではなしに、甘かろうが辛かろうが、安易に人間一般に普遍化することによって、現実の困難をすりぬけようとするという意味だ。そうでなければ、世界人を気取った「在日に対する訓示」などがあたかも「使命」でもあるかのように、居丈高に発せられるはずがないのである。

「在日」は変わりつつある。そしてその変化は、この社会を「在日」を同胞として受容する社会に変えようとする努力と並行している。つまり、「在日」は彼らを取り巻き、彼らと共に生きている個々の日本人やその社会との対話を続けているのである。それが成功しているかどうかの判断は後の世代にゆだねるしかないが、そうした努力が続けられていることだけは疑いを容れない。

知識を盾にして訓示を垂れる前に、踏みとどまらねばならないことがたくさんある。言葉は相手の胸に届けようとする努力を伴わねばならない。相手の心中を察して、言葉を失うという辛さを耐え忍ばねばならない時さえある。その辛さはおそらく自分自身への眼の厳しさを要請するはずだ。おまえは何者だ、と。

第五章

在日朝鮮人は日本人になるべきか

前提の食い違い

またもや関川文に拘泥します。後書きの先に引用した文に続く部分はこのように展開する。

一九八五年、国籍法が改正されて、父系のみから父母両系による国籍選択となった。それは父母のいずれかが日本国籍であれば、生まれてくる子は日本国籍となり得るということである。その結果、ほとんどが日本国籍を子のために選ぶ。そのうえ、はるか以前からいわゆる同胞同士の結婚は少数派に属していて、近年では二割を下まわるという現実があるから、何世代かを重ねるなら、算術計算上は在日コリアンというステイタスは消滅するのである。現に八五年から九四年までの一〇年間で約五万の在日人口が減少した。これはむろん自然減ではなく、社会減である。

このような事態に直面するとき、民族主義の幻影にすがって「アイデンティティ」を求めることにさしたる意味があるとは思われない。それより、在日コリアンが社会減によって消滅する以前に、朴某、金某、李某といったコリア系日本人が多数出現して、そのオリジンを尊重しつつまた存在感と投票権による政治的影響力を維持して、日本社会とその文化の厚みを増していく方向をたどる方が現実的であり、双方にとって好ましいはずだと私は考えるのである。国籍法などなかったはるかな古代から、雑種の強さにすがる日本文化と日本社会は、そのような成り立ちをしてきたのである。

さらにもうひとつは、世界的視野から見るとき、外国にオリジンを持つ国民は各国に多数いても、「在日」のようなステイタスはきわめて特殊だということである。生活上の不利がほとんどないからそのような特例が日本では生きているのだろうが……

こうした議論に、わたしは苛立ちを覚えながら、一方では、仕方がないなあ、と気だるい思いに捕らわれてしまう。とりたてて耳新しい主張なのではない。「まあ、いろいろあるだろうが、自分を活かそうとすれば、帰化したほうがいいのじゃないか」。日本人からその種の忠告を受けた経験は在日朝鮮人なら一度ならずあるに違いない。それが一定の善意に発していると信じながらも、何かが違うという思いがくすぼり、頭を垂れ、沈黙を余儀なくされる。

「ここは日本だ、文句があるなら自分の国に帰れ」というような叫びもある種の日本人たちの胸中には今なお秘められているのだろうが、それが口をついて出ることは少なくなった。その代わりに、善意の衣を被ったり、知識を笠に着た忠告が大いに幅を利かすようになっている。しかも、在日朝鮮人の側でも、物知り、或いは国際派を自称するような人々にそれに同調するような口吻が見られるほどなのだから、知識人達の「海峡を越えた」合意を基礎に、それが常識だとか、あげくは正義とされそうな雲行きである。そしてそのような場合に否定的に言挙げされるのは「民族主義の幻影」なのである。今や世界は変わった、アナクロニスムは卒業しましょう、というわけである。もっともらしい話である。しかしそのもっともらしさに、わたしなどは鼻持ちならないお節介と反発を覚えてしまう。

がしかし、腹の虫に衝き動かされて「他人のことは放っておいてよ」などと喧嘩腰になるのはなんとしても避けたい。民族自決は侵すべからざる原則とは思うものの、わたしは基本的人権に関する事柄では「干渉の権利ないしは義務」という考え方を支持する。だからそのポリシーに自己矛盾することのないように、沸き起こる苛立ちを抑えようと努力してみたい。だからそのためにも、まずはこの文章への違和感を一つ残らず拾い出してみる。

さてとっかかりは、「同胞同士の結婚は二割を下回る」という分かりやすそうな話。数字を盾にすると人は納得しやすいのだが、こういうところが要注意、とわたしは眉に唾する。どこから仕入れたデータなのか出所が定かではないし、単純な事実の報告のように見えて、実は読みの可能性は単一とは言えない。

関川は二割を人数と理解しているようなのだが、わたしは少なからぬ違和感を覚える。在日朝鮮人としての実感という得体の知れないものに根ざした違和感である。もしやして件数のことではないのか、と。一二人の在日朝鮮人のうちで男女の二カップルが誕生する。つまり四名が同胞同士の結婚をしたということになる。件数としては二件、ほかの八名が日本人と結婚すれば八件、これで件数としては二割、但し、人数で言えば約四割となる。

どちらが正しいのかを詮索するつもりはない。ただ、そうしたデータに信憑を覚えるのかどうかということひとつでも、関川とわたしとのあいだには実感の違いが相当にあるということを確認したいまでである。もちろん、調べれば簡単に正否がつくのだろうが、この果てのないつぶやきで、わたしは頑なに自分のこれまでの知識と体験とだけを材料にすることにしている。

〈とは言いつつも、この件を書いて随分後に、やはり気になって確認したところ、わたしの実感のほうが間違っていたようである。わたしの実感というものには数々の、それも大きな誤りが含まれている。もちろん、わたしだけではなかろう。誰の実感にも誤りが含まれているに違いない。それにまた、そうした「わたしの実感の誤り」が故に本書全体に変更を加えるべきだとはわたしには思われなかったから、手を入れることをさしひかえたが、そうした私の独断の正誤については読者に判断を委ねたい〉

論理の体裁を取っていても、各々に暗黙の前提というものがあって、その食い違いが対話を困難にする。「在日」と日本人との間にだけ生じる食い違いではない。「在日」と「祖国」で生まれ育った朝鮮人、さらには、あらゆる人と人との間に往々にして生じる食い違いであろう。そうした事柄に敏感にならざるをえないのが、長年の在日朝鮮人歴がわたしにもたらした強迫観念のようなのである。そこで、不毛な独語の再生産を切り上げて対話を目指すかぎりは、わたし自身の「よじれ」

を引き出す努力が必須とわたしは考えている。恥を忍んで過誤の多い実感をさらけ出している所以である。

さて先のデータに戻って言えば、それに関する感じ方の食い違いなどたいしたことではない。日本人と朝鮮人の結婚が増えているという基本線は揺らがないからである。しかし、もし関川のほうが読み違いをしているとするなら、それはある種の先入観に根差しているのでは、とわたしの疑念は膨らむ。ちょうど、先入観で『由熙』という作品の現実を読み違えたばかりか、その現実の責任を初めから犯人だと目星をつけていたものに振り当てたように。

歴史の捨象

次に、事実の判断、認識についての問題がある。朝鮮・韓国籍者の激減という事実に関して、関川は幾つかの理由を挙げる。その一つが先にも述べた国際結婚であり、次いでは、国際結婚で生まれた子供に日本国籍を取得させる傾向である。しかし、そうした現状に対する関川の説明は甚だ一面的である。

例えば、国際結婚によって何故彼らは日本国籍を選ぶのか。子供に日本国籍を選ばせる理由として挙げられているのは、一九八五年の国籍法の改正なのだが、実は国籍法改正以前にも、在日朝鮮人を親として生まれた子供が日本国籍を得る手だてはあった。片親が日本人なら、子供をその日本人の親の側の籍に入れる例が少なくなかった。例えば母親が日本人の場合、子供は母親の籍に入れられた。これは日本的風土においては、ことさらに選ばれるステイタスではない。少なくとも近年にいたるまでは、回避する努力がなされた。にも関わらず、つまり、そういうステイタス故に子供が日本の社会で様々なハンデイキャップを背負うという事実を充分に知ったうえでなお、親たちはそうしていた。「両親が揃った朝鮮人」が担うハンディよりも、「片親の日本人」が負わせられるハンディのほうがまだましだ、という「まとも」な状況認識を、朝鮮人と日本人の両親ともに持っていたのだろう。

それにまた「帰化」という手だてもあった。であるのに、法改正を契機にしてそうした事態が生じたのは何故か。法改正以前には、帰化にまつわる障壁があったからだ。例えば「帰化マヨネーズ論」なるものがあった。「マヨネーズは少しずつ混ぜないと分離してしまう」と法務省の高官がうそぶいたという。オリジンを否定し棄てさる朝鮮人を、それも少しずつ、そうしてこそ分離の危険が回避され、「単一民族神話でくるまれた日本」という美味なマヨネーズができるというわけである。日本国籍を取得しつつオリジンを尊重などは夢物語であったのである。

そうした日本政府の思惑に歩調を合わせるかのように、帰化する人々もまた、オリジンの隠蔽に心を砕いた。例えば、日本人と結婚する在日朝鮮人は予め日本国籍を取得したうえで入籍する場合が多かった。朝鮮籍のまま結婚して、それを契機に日本国籍を取得した場合、戸籍に「在日」の痕跡が残り、そうなれば子供の「戸籍に傷がつく」という感じ方が日本人と朝鮮人双方にあったからであり、そうした感じ方は、この国の政治と社会と人々の心の現実をきちんと踏まえていた。

さらにはもっと執拗な痕跡抹消の努力もあった。既に帰化して長年を経ていながら、それでも不安に駆られてのことか、身よりのない日本人の老人の生き別れになった子供という、語るに涙聞くに涙の話をでっち上げて「原籍復帰」を求める例まであったらしい。或いはまた、子供の結婚の妨げにならないように、亡き父母の墓標の名前を日本式に書き換えるという「親不幸」な所行もなんのその。

なんとも朝鮮人は嫌われているものだ、それも当の朝鮮人によって。そうした面倒に勤しむ元朝鮮人は端から見れば滑稽だろうし、あげくは、人格が疑われるなどと非難の声を上げる人もいるかもしれない。しかし、それを犯罪的だとか、馬鹿だ、などとわたしには到底言えないし、そうした面倒の責任を誰かに被せようとも思わない。ただ、「日本は元来が雑種文化」云々の説教を垂れる人には、せめてそうした事実があったことをおさえたうえで議論を組み立ててもらいたいのである。

国籍法の改正は国籍選択の自由化をもたらした。何であれ自由の幅が広がることは喜ばしい。しかし、もしそうした「自由」を根拠に議論を組み立てようとするなら、せめて幾つかの事項を再確認するくらいの労をとらねばなるまい。そうした自由を享受できない時代があったこと。そうした自由の制限はおそらく社会のある種の「意識」と「構造」に根ざしていたこと。そうした制限の撤廃の為に奔走した人々がいたこと。そして最後に、ようやくもたらされた「自由」が現在及び未来においていかなる意味を持ち得るのか、といったことども。とりわけ、そうした自由が本当に自由の名に値するのかを問うてみなくてはなるまい。その自由化なるものが従来から根強い社会の偏見と相まって、強制力として作用している可能性もある。でなければ、「ほとんどが子供のために日本籍を選ぶ」という事態が生じるわけがない。

といったような必要最小限の検証さえも省いて、直ちに「自由の讃歌」に昇華させるのは甚だ危険である。歴史を援用しながら、その一方で、歴史を捨象する。「故意の言い落とし」、つまりはデマゴギーの嫌疑が濃厚なのである。

従来の国籍法は、この社会に根強い単一民族神話と父系主義に基礎をおいていた。それが綻びはじめた兆候がその改正である。だから、その改正自体は万々歳と言いたいところなのだが、そうはいかない。歴史的に形成され、この社会の深層に根を下ろした強固な「あるもの」を無視すれば、この世は善意の人間だけによって構成された予定調和的な楽園という話になってしまう。そんな気楽な世界はどこにもない、それが大人の最低限の知識であり、にもかかわらず人々と共に生きていくべく努めなくてはならず、その為の工夫を積み上げていこう、というのが大人の知恵ではなかろうか。

ところが関川はわたしのような僻み根性とは対蹠で、天空遥かを飛翔し、海峡を越えた自由な評論家として、地べたを這いまわるわたし達をあざ笑う。「在日のようなステイタスは特異で、生活上の不利がほとんどないからそのような特例が日本では生きているのだろうが」と。

特異なステイタス

評論家なり学者なり官僚なり政治家なりは、客観を気取り、往々にして数値を盾に議論を組み立てる。数値は比較を伴い、その比較は俗耳に入りやすい。例えば、ある種の悲惨が問題になると、それがいかほどの悲惨と言いうるのかと、他の悲惨と較べる。前者の悲惨を問題にするつもりがなければ、よりひどい悲惨を引き合いに出すとよい。「もっとひどい悲惨の中でも暮らしている人がいる。それと較べるとあなたたちの境遇は悲惨とは呼べない。耐えて自力更正が人の道」などと反論しがたい叱咤激励で一件落着とされる。問題の根源を探し求める努力、さらにはそれを解消する義務と責任は回避される。当事者の心的状態といった数値化が難しいものはもちろんのこと、隠れていたり、故意に隠された数値は計算外となる。悲惨に苦しんできた当事者からは、一体どれほどの悲惨であればその名に値するのかといったうめき声が洩れたとしても、それはかき消される。そのうえ、時として、悲惨という事実認識を自ら抑圧するような場合さえある。程度には大きな差があろうが、一時流行したあの「中流意識」もそうした自己欺瞞のバリエーションの一つなのだろう。

多数者、言い換えれば「非当事者」の滑るような言葉が永遠に繰り返される。世界にはもっと不幸な人々がいるではないか。文句をいう暇があれば頑張りなさい、と。なるほどごもっとも、遅ればせながら人の道を学ばなくては、などとその声に同調したいのは山々だけれど、しかしはたして、そうした比較にはどんな意味があるのだろうか、とわたしは二の足を踏む。ましてや、ある種の「不幸」を経ていない人が、その「不幸」の当事者に向かって大上段からその種の訓示をのたまえば、頭を垂れて有り難く拝聴しなければならない謂れがあるのだろうか、そんな馬鹿な、と居直りを決め込みたくなってしまう。

改めて、関川文にしつこく食い下がってみる。「生活上の不利がないから、在日朝鮮人はその特異なステイタスにこだわり続けている、(そして日本の社会はそのわがままを鷹揚にも許容してきた)」というようにわたしは読む。

関川が「生活上」と言う時、彼の念頭にあるのは主に経済的にということであろうし、富んだ「在日」があまた存在するという見聞を土台にしているのだろう。なるほど金持ちの「在日」はたくさんいる。しかし、眼につきがちな豊かな「在日」の背後にどれだけの貧しい「在日」がいるのかを、彼は言い落とす。しかも、そうした豊かさを作り出すために彼らがどれほどの「余分な」苦労をしなければならなかったのか、いかに「法律ぎりぎり」のところで生きてこなければならなかったのか、といったこともすっかり抜け落ちる。まともな調査は難しかろうが、もし統計調査で、労働の過酷さ(時間など)と引き比べての年収の平均値をとれば、関川の議論の根拠は崩れるはずだ。「在日」の多くは九時に始まって五時に帰れるような職にはついていない。つけなかった。

調査などしなくても、「在日」の世界を覗けば、その実状は容易に実感できる。例えば、「在日」が集中している職種と言えば、しばしばパチンコや焼肉屋が挙げられるのだが、それはどちらかと言えば成功者の部類に属する。そしてその成功者でさえも、「水商売」という性格を持っている。今では少しは事情が変わったようなのだが、一般的には新卒者が試験を受けて入るような業種ではなかった。言い換えれば「正業」扱いされてこなかった。但し、「正業扱いされていない」からといって、その種の仕事を貶めるつもりはさらさらない。わたしはその種の仕事に就いている数多くの友人を持ち、これまで物心両面にわたって支えられてきたという経緯もあれば、彼らに尊敬の念も持っている。したがって、職業に貴賎はないといった理屈のみならず、体験や心情のレベルでも、その種の価値判断をわたしが認めるわけがないのである。念のために。

また、外からは目立たないが、「在日」が集中している業種に、ヘップ（サンダルの加工）があった。この種の工場労働、というより零細の家内工業が「在日」に占める比率は並大抵のものではなかった。

この仕事は過酷という点に特徴がある。ヘップを長年続けると、狭くて空気の出入りの少ない室内で接着剤に含まれたシンナーを常時吸い込むために、骨がぼろぼろになり、火葬してみれば、骨は形をなさないといわれる。

また、わたしたちが「インジェクション」と呼び慣わしているプラスチック加工業がある。「在日」社会で雨後の竹の子のようにこれに従事する人が増えたのは、過酷であるという「在日」的職業の条件を満たしているばかりか、資本がなくても始められるという、これまた「在日」的条件に合致していたからである。それにまた、そこに「在日」が過度に集中するのは、それほどに職業選択の幅がなかったことを証拠立てている。

因みに、いくら小規模といってもあくまで工場なのに、殆ど資本が要らないというのは不思議なようだが、そこには単純なからくりがある。まず工場、これは家の一部を改造してあてる。食住近接で通勤時間も労働にあてることができる。次いで、備えねばならない射出成型機は高価なのに資本がいらないというのも不思議なようだが、最低限の初期資本は「在日」特有の資金調達制度（相互扶助なのだが、時としては、迷惑のかけあいとなって、相互に苦しめ合う制度にもなってしまう）である「頼母子」講で確保し、その他の多額の資金は手形を切って購入する。担保はその機械自体である。例えば一〇〇〇万円の機械なら、この種の借金は高利だから、月四〇万円の手形三年分で元利を返済するのである。下請けどころか孫請けの町工場で、低い工賃で手形を落とすためには、機械を寝かせないことが必須の条件である。機械が勝手に動くわけもないから、人間は機械の補助として機械の奴隷となる。少なくとも一二時間の二交代、ひどい例では一日一四時間労働という場合もある。

これを辛さ貧しさの誇張だと思う人がいそうなので、一時はそれを生涯の仕事と思い定めていたわたし自身を実例として差し出さねばなるまい。難儀なことだけれども、殆どいつでも、わたしの屁理屈の補強材料としてはわたしの実感と体験しかないのである。

贅沢なことにわたしは大学へ進むことを許してもらったが、それは大学卒の免状を携えて就職するという展望があってのことではなかった。就職の可能性が閉ざされていることは幼い頃から、紛れもない現実と認識し、その認識をベースに将来の生活の道筋もほぼ決めていた。大学はいわば猶予期間で、卒業の暁には家業の「インジェクション」を継ぐことに決まっていた。小学生時代から既に見習いとして駆り出されていたし、中学高校時代も時間があるとほぼ一人前に働いていた。さらには、大学時代には、学業のほうがむしろ副業といってもよいほどだった。

朝起きるとすぐに機械を始動させ、交代要員の到来を待ってようやく朝食にありつける。急いで胃に流し込み、改めて機械の前に。昼・夕食ともに三〇分ほどの食事休憩を挟んで機械の奴隷。ようやく仕事が終わったら、残されているのは寝る時間だけである。そうした労働に携わるのは、家族や親族、それに加えて「密航者」くらいなものなのだ。というのも、密航者は足下を見られて賃金を安く抑えられるから、故郷に仕送りができる程度のまともな収入を得るためには長時間労働が必須である。というわけで、雇用者、被雇用者の両方にとって好都合なのである。しかも、今一つ好都合なことがある。密航者と言えども人の子、たまには羽目を外したいという誘惑にかられる。しかし、外に出るとついついお金を使ってしまうし、下手をすると逮捕の憂き目にあいかねない。そこで、終日、工場兼住居に「軟禁」状態を余儀なくされるインジェクション工場での労働は、すこぶる安全かつ経済的というわけで、格好の職場ということになる。

もっとも、わたしは何と言っても学生で、プロの労働者ではなかったから、そうした条件に全面的に縛られたわけではなかった。しかし、そうしたスケジュールを前提として工場やわたしの家庭の日常が営まれていた。その狭間を縫ってわたしは大学に通ったし、大いに遊びもした。いわば二代目の特権で、早朝にトラックで得意先への配達を終えた後に急いで大学にというわけで、なんとあの時代にわたしは自動車通学をしていたこともあった。関川に言わせれば、こうした姿を指して、裕福だということになるかもしれないのだが。

幸い、最近では省力化が進み（ということは、省力のための機械が必要ということで、またしても設備投資で借金がかさむことになる）機械一台に人間が一人付き合わねばならないということはなくなったが、無人で機械が稼働するというわけにはいかず、長時間労働に変わりがあるはずもない。

さて、わたしはいろんな偶然が幸いしてそこから逃げ出した。父がまだ若くて、モラトリアムを許してくれたのである。ところが、そのとばっちりをまともに食らって末弟が家業を継ぐことを強いられた。そしてその後既に二〇年余り、一日一二～一四時間労働をこなし続けている。わたしの立場から言えば、後ろめたさもあって、可哀想にと言いたいところなのだが、彼が格別に働き者だからそうした重労働を引き受けているわけではない。それが朝鮮人としては「普通」だからなのである。「朝鮮人は日本人の二倍三倍働いて一人前」、これがわたしの父の口癖だった。彼はわたしたちに教え諭すためにというより、自分を奮い立たせるためにそうした台詞をつぶやいていたのだろうが、半信半疑で聞き流していたその種の言葉が、いざ世間に出てみると、現実を見事に踏まえていることを実感して、いまさらながらに驚く、これが大方の二世の経験なのではなかろうか。そしてその結果、「一人よがり」の精神構造を身につけたということは大いにありそうなことではある。しかし、「在日」が「選り好んで」そういう仕事をして、表向きは「リッチでまとも」な暮らしをしているように見える場合もあるのは、それが他の「在日」と較べてまだ「まし」だからである。それが「まし」と言わねばならない状況を、「生活上の不利が殆どない」などという人はどのような神経をしているのかしら、とついつい恨み節がもたげるのだが、関川はおそらく、彼の見聞とりわけ「在日」の証言をも根拠にしている可能性があるから、そのあたりにまで話しを広げてみなくてはなるまい。

「たいしてない」の裏側

日本人が在日朝鮮人に「国籍上の理由で何か不利はありますか」と質問を向けたとして、返ってくる答えはもちろん多様だろう。「多いにある」という人もいれば、その逆に「まったくない」という人もいるだろう。一概には言えないけれど、前者には「失敗者」の率が高く、その反対に後者には「成功者」が多いのではなかろうか。但し、この関係はクロスすることもありうる。例えば、ひどい差別にもかかわらずそれを乗り越えたと証言する成功者もいるだろう。その場合、その証言はどのように理解されるだろうか。結果から見れば、それは乗り越え可能な差別ということになり、論者はこれ幸いとその証言を「差別はたいしてない」派に溶かし込んで、叱咤激励の役を買って出そうである

その他に、甲高い差別の告発もあるだろうし、言い淀みや、沈黙、その他様々だろうが、ここまでにしておこう。関川の在日論は「たいして不利がない」という判断を補強できそうな証言なり見聞だけを根拠にしていそうなので、彼に歩調を合わせて、わたしのつぶやきのフィールドをその範囲に限定してみよう。「たいして不利はない」という証言の意味の幅を問題にしてみる。

わたしの好みの解釈は、いまさらどう言おうと現実が変わるわけでもない、といった諦めをそこに認めることである。そうなるしかなかったのだから、耐え忍ぶしかあるまい、という生活者の理屈、或いはまた、自負が絡んでいるかもしれない。いい大人が他人に向かって社会的不平等を云々すれば、自己合理化のエクスキューズと受け取られかねないし、自分でもそれは潔くない、と考えたりするだろう。いかに差別があろうともそれを乗り越えていく気概だけが頼りということになれば、それを「乗り越え可能なもの」としてイメージしなければならない。さらには、「結果オーライ」に由来する自負や、将来先取りの自負や、はたまた、日本人への配慮や絶望的な諦念も作用しているかもしれない。というわけで、直訳は多いに誤訳を内包しており、「たいしてない」派の証

言一つとってもその翻訳には困難があるのに、「多いにある」派の証言を無視して成り立つかに見える関川文は甚だ公平を失しているのでは、ということになる。

ついでに言えば、「多いにある」派にしても、年がら年中、差別を云々しているはずがない。何もかもを問題になどしてはおれない。誰だって忙しいのである。しかし時として許せない、これが限界だと思わせられることがある。或いは、普段は抑えている言葉を発する機会が訪れる。そうした際に、声を低くして語るにはよほどの修練が必要で、誰もがそうした達人の域に達するわけもない。往々にして、叫びに、あるいは攻撃的な口調になったりもする。そしてそうした声を集約する形で差別反対の運動が繰り広げられる。但し、そうした運動を中心的に担っている人々とて、普段は普通の生活者にちがいない。

ところが、たいていの部外者、はたまた、当事者自身でさえもが、できれば平穏に暮らしたいと思っているから、そうした「雑音」は聞かずに済ませたいだろう。現に、わたしがそうである。己の甲高い声は不問に付しておきながら、他人のそれは大いに苦手なのである。しかし、他人が立てるそうした「雑音」が聞き苦しいからといって、差別をエクスキューズにした怠慢だとか、民族主義的偏向を云々することは慎まねばと自分に言い聞かせる。己の趣味や腹の居所具合で人を断罪してはならないと思うからである。

ことのついでに、脱線の懸念をあえて振り払い、ニュース報道を引き合いにだしてみる。例えば、あの阪神大震災以降の数々の震災の被災者に、行政の対応についての質問を向けてみたとする。一般には多くの人が口をそろえて政府や行政の対応に対して不満を述べるのではなかろうか。ところが稀には、不満の声が既に多くあることを前提にして、それとバランスをとる気遣いを発揮する人もいるかもしれない。いろいろよくしてもらっています、と。すると、こうした感慨の殊勝さや潔さに大方は喝采を送るに違いない。だがしかし、そういう悟り澄ましたような人たちでさえ、行政にもっと積極的な対応を望んでいるのかもしれない。また、前者の人々、つまり不満や抗議を叫ぶ人々だって、なにもかもを行政に頼っているはずもない。最終的には自分の力で生きていくしかない、と覚悟を決めているにちがいない。ただ、稀に与えられた声を発する機会に、不満や要望の方に比重をかけて述べるのは人情としてごく自然なことではなかろうか。せめてそれくらいの想像力を持たねば、ニュースひとつ読んだり見たりすることもできはしない。

ところが、その程度の「度量」や想像力を持ち合わせている人は多くはなさそうで、己の趣味や腹具合で、他人の言葉や態度を理解し、その人格に断を下したりする。悲しさ、辛さを聞かされて一緒に涙を流し、同情の一方でわが身の幸せを実感することを好む人もいれば、悟り切った口ぶりで自分のことは自分でやるという気概に信を置く人もいるだろう。後者は、行政への不満を声高に叫んだり、執拗に洩すような人に、胡散臭さを覚えるのだろう。それ自体は個人の趣味としてなら難癖をつける筋合いはない。しかし、その趣味に倫理や知識の粉飾を施して、正義や真理として差し出すようなことは乱暴なことだし、敢えて言えば犯罪的なことではあるまいか。

言葉を発したり、聞き届けるということは難しいようである。

民族主義の幻影

だがしかし、これもまたどうでもいい部類に属すると言い捨てることにする。問題は「世界でも特異なステイタス」を支えてきた「民族主義の幻影」なるものであり、しかも、幻影に囚われた「在日」の無理難題を日本の社会が鷹揚に許容してきた、ということらしいから。

さて、解体もしくは崩壊の傾向が顕著ではあるが未だに在日朝鮮人社会なるものが存在する。奇妙に聞こえるだろうが、わたしの日常生活と思考・心情は片足をそこに、そしてもう一方の足は日本の社会に、という感じがある。わたしのようなタイプの「在日」が次第に減り、その片足の置き場の現実感が希薄になっているのだろうが、そうした人がいないわけではなく、そうした足の置き場がなくなったわけでもない。そのいわゆる在日朝鮮人社会には「共同的な何もの」かが少しは生きている。関川はそこに民族主義的イデオロギーの呪縛を認め、それが諸悪の根源でもあるかのように言い立てているのだが、それでは何かが洩れ落ちるばかりか、大きな誤解をもたらしかねない、とわたしは思う。例えば、日本の社会保障その他から取り残された人々の相互扶助組織として、「在日」の紐帯が生き残っている側面もあれば、日本の社会に吸引されてしまった二世三世に取り残された旧世代の憩いの場として「在日のムラ」が機能したり、或いはまた、出会いの機会の少ない青年男女に出会いの場を提供するといった役割まである。それにまた、相当に改善されたとは言ってもいまだに「在日」の就職には困難がつきまとうから、「在日」のネットワークで辛うじて職にありつけるといったことも多い。といったように、多様な領域で、最後に頼れるのは在日の地縁・血縁・民族的縁だけといった場合があって、心情的絆もまた残っている。

そして、それをよしとする人もいれば、批判する人もいるのだが、よしとする人たちも一概には言えなくて、多様な立場がある。もっぱら郷愁の故といった場合もあれば、そこに何か積極的な意味を見出す場合もあろう。例えば、それを民族精神の地下水脈の現れといったように、歴史的正義や愛族的心情を歌ったりする人もする。それだけならまだしも、そのあげくには、権力欲や自己保身、さらには金銭欲の体のよい衣として利用したりする者までいて、そうした側面が大写しになると、古くさい民族主義と封建主義の結託を云々し、それを指弾する人々の声に理がありとされたりするのだろう。

美辞麗句で包まれてはいても随所に汚れが透けて見えるそうした「民族主義的」な衣は早く脱ぎ捨てるに越したことはない、とわたしも思いはするが、その衣替えはそれほど容易いことではなさそうである。マイノリティにおける「民族主義なるもの」は、身を寄せあって生きざるをえなかった生活と意識に根ざしており、マジョリティの側の排外的民族主義と相関している。後者が目立たないとすれば、それは多数者の幸運に過ぎず、民族主義を虚妄だとする多数者の議論を支えているものが、実はこれまた根深い民族主義である場合も少なくない。従ってあくまで、社会の不可視のシステム、もしくは、無意識のうちにわたし達が依拠したり呪縛されたりする思考の惰性を見直すという点に重点を置くならば、民族主義の虚妄を言い立てる議論に双手を挙げて賛成したい。

しかしながら、在日朝鮮人が日本人にならないのは専ら民族主義的イデオロギーに毒されたせいだといった類の議論をそのまま肯うわけにはいかない。

一世が故郷や肉親に抱く愛着とは必ずしも重なりはしない理由から、わたしたち二・三世は朝鮮人であることを選んだり、拒否したりする。在日朝鮮人として生きようとすること（この言葉自体の意味するところは必ずしも分明ではないのだが）、それすなわち民族主義的生き方の選択などとは一概に言えないのである。

自らが望んだわけでもないのに、物心ついた時には既に、民族なるものによって自分が異化され、排除や監視の対象になっていることを知る。耐え難いそうした事態に対して様々な抵抗を試みるが、予め勝敗はほとんど決している。往々にして、己を否定する社会の眼差しを自らが殆ど内在化してしまっているからである。

「民族」なるカテゴリーは彼・彼女の心と体に刻みこまれた傷なのである。傷は癒されねばならない。「民族」なるカテゴリーそのものを否定しさることもその方途の一つである。歴史を超越した抽象的な個人として己を定立することによって、よりよく生きる可能性を探る。閲歴や出自とは関係なく、個人的能力や努力でのし上がろうというわけである。

或いはまた、先験的に負と看做されてきた民族を正なる価値としてうち立てるというのも、数ある癒しの手段の一つである。一度それを経ることによって、物事が「正しく」はなくてもせめて「つじつま」のあったものとして見えてきて、腑に落ちるということもある。

但し、そうした価値の転倒が絶対的なものとして硬直するという姿を目にすることがあるし、わたし達はよほど気を付けないとその穽に落ち込んでしまう。貶められてきた長年の経験の果実たる怨恨が母体となった善悪の二元論的図式で世界が説明される。そしてその「合理的」説明の裏には、自己肯定の欲望、さらには権力保持や個人的利益追求という欲求が忍び込む。こうして、「民族」的正義なるものは、己の自堕落な現実を隠してくれる盾となり、その正義や真理を認めようとしない他者を攻撃する矛となる。いわば思考の経済学であり、怠惰のアリバイ証明の護符というわけである。

そうした弊害があるとしても、民族的覚醒と呼ばれるものなくしては生を立て直すことができなかったような人々が数多くいたし、現にいる。例えば、青春期に在日朝鮮人の運動に身も心も捧げたが、今や様々な理由で離脱したり、距離を置くようになった人々がいる。若いときにはたとえ食うや食わずでも、「同胞」や「正義」や「未来」を糧にすることができた。しかし歳とともに、世間の大人としての責任が重くのしかかる。しかも、あの熱病的な時代ははるか遠くに去り、献身の成果の無残さに圧倒される。こうして、「正義」の幻想からの覚醒が始まり、「正義」に対する恨み節がつぶやかれるのだが、それは微妙な屈折を示す。後悔の反面、「あれがなかったら、俺は人間になっていなかっただろう」という溜息が漏れたりもする。

　こうしたつぶやきを解するにあたっては、自己正当化のファクターを計算に入れなくてはならないだろう。己の人生を徒労と結論づけて余生を過ごすのは辛い。そこで、「正義」を誰かが利用してダメにしてしまった、といった具合に、責任を他に被せることによって己を救い上げる。そこには紛うことなく、自己肯定の欲望と善悪の二元的図式が生き延びている。そうした残滓と民族主義的正義との絡み合いを俎上に載せる努力が必要だろう。しかし、である。「あれ」がいったい何に根ざしていたのかという問題を無視するわけにはいかない。当人としては民族的覚醒といった枠組みで理解しているのだろうが、実はそれは、民族的範疇に収まるものでは必ずしもない。

　自らを受け入れてくれる共同性が人間には必要であること、その共同性の中で、人は喜びを得ること、しかしまた、その共同性の中で人は何かを失う可能性があること、といった人間と社会とのダイナミックな関係性の核がそこには含まれているのではなかろうか。

　民族主義の終焉などと立派なことばかり言っているわけにはいかない。民族主義は確かに近代の産物であり、作られたものであるだろう。しかしだからといって、民族主義的と呼ばれがちな何かを信奉したり、すがったり、憩いを求めたりしている人々は作られた観念に翻弄されているにすぎない、といった議論こそがかえって観念的な遊戯に法悦を覚えているということもありそうなことではなかろうか。

　何者かの意図によって作られたものが、これまた何者かの意図によって一般に普及するようになったといった単純な図式は、なるほど分かりやすくてお手軽なのだが、現実世界ではそうある話ではない。はたして誰が作りだし、何故に普及したのかといったごく単純な疑問を差し出してみるだけで、主義を採用したり、捨てたりということが決して単純なものではないことが分かる。それにそもそも、主義を採用するということが果たしてどういうことなのかさえ、必ずしも明確ではない。作られたのにはそれを必要とする条件があったからであり、普及したのにはそれなりの根拠、とりわけ生活世界における何かがあったからに他ならない。だからこそイデオロギー批判は難しく、ひとたびそれを身につけ、それを糧として生きてきた人々に棄教を勧める議論の軽さが浮かび上がるということにもなる。

「市民」としての義務

次いでは、「日本は雑種文化」という定義について考えてみなくてはならない。専門家なら、それを歴史的事実として認めることを拒む人は稀だろうが、市井の人々の場合、必ずしもそれが多数派とは言えないようである。それればかりか、それを歴史的事実として認めることと、それを肯定することとが一致しない人も多々いる。つまり、日本は元来が雑種文化であることを認め、今後もその雑種性を実りあらしめようとする志向性がこの社会にいきわたっているわけではない。ある種の歴史的事実が明らかであったとしても、それが必ずしもこの社会に肉体化した「真実」とはなっていないのである。

そうした社会の実態を無視しておきながら、「歴史的事実」なる錦の御旗を押し立てて、雑種性への参入を拒んでいるかのごとくに朝鮮人の側の「硬直した民族主義」を論難することがはたしてデマゴギーにならないのかどうか。むしろ先ずは、歴史的事実を事実として認め、その事実を素直に受け入れることを拒んでいるこの社会に対してこそ、論難の刃が向けられるべきではなかろうか。

また、「世界に在日コリアンのようなステイタスはない」という断言とそこに含意された、「在日」の「わがまま」に対するあてこすり、さらには、善意の衣をまとった帰化の勧めにも答えておかねばなるまい。

先の関川の断言がはたして事実に基づいているのかどうか、わたしは知らない。しかし、たとえそれが事実であるしても、そこにはそれなりの必然のようなものがあったはずである。例えば、英米仏の出生地主義に対してアジア的な血統主義というものがあり、それが各々の社会や文化における外国人のステイタスに大きく作用している。そうした個々の歴史や文化を捨象して、「在日」というステイタスの「特異性」を言挙げするのみならず、その責任を専ら「在日」の民族主義に帰着させるのは無理がある。

そして、帰化の勧めなのだが、その前提には「在日」が日本の社会で生きる者として負うべき義務を果たしてこなかったという判断がありそうである。「在日」は民族差別をエクスキューズにして市民的義務をサヴォタージュしてきた、といった非難まで読みとれる。そうした非難ははたして現実に符合しているだろうか。

在日朝鮮人が免除されている「市民」的義務というのがあるとしたら、義務教育くらいなものではなかろうか。わたし達には教育を受ける権利もなければ、子供を学校へ遣る義務もないのである。それもわたしの幼少年時代には、父母同伴で学校に召集され、面接で日常生活や思考・感情などについての詳細な質問に答え、迷惑をおかけしませんので入学をお願いします、といった内容の誓約書に父母が署名して晴れて入学を許されたものであった。その意味ではなるほど、関川の言う「在日」に対する日本社会の鷹揚さという議論は当たっていることになる。法的な義務も権利もないはずの「在日」に日本の社会は教育の機会を与えてくれていたからである。

他方、権利を与えられていない事項について言えば、選挙権に始まる延々としたリストができあがる。もっとも、時代につれて大きな改善がなされるようになった。公的住宅に入居できるようになった。国民健康保険や国民年金に加入できるようになった。育英会の奨学金も受給できるようになった。というわけで、万々歳と言いたいところなのだが、それはあくまで明文化された特定の領域にとどまる。暗黙の無権利というものはいまだに数多くの領域、数多くの機会に顔を覗かせる。しかも、わたしのような中年男の場合は、一切の権利が剥奪されていた時代に育ち、青春を送った。無権利が当然という条件下で意識形成をなした。将来の生きる幅もそうした条件下で考えざるを得ず、その束縛の中で人生を過ごしてきた。憤懣や怨恨が蓄積されても自然と言うべきではなかろうか。しかも、それでいながら、そうした不利な条件をそれなりに受け入れて、この社会の構成員としての責任を果たそうと努めてきた。なのに、そうした殊勝な努力にも冷や水を浴びせかけられてきた。わたしたちの様々な努力は、この社会に蓄積されてきた暗黙の了解や狡知によって見事に跳ね飛ばされる。

例えば、こういうことがあった。もう二五年も前のことなのだが、家を購入しようと、銀行ローンの申し込みをしたところ、どの銀行も首を縦に振らない。斡旋をしてくれた建売業者が言うには、「お客さんの場合、資格については何の問題もなくて、理由はただ一つ、「お国」と銀行側は暗に匂わせて、どうにも前に進まないのです。そこで利子は随分高くなって負担にはなりますが、住宅ローン専門会社ならなんとか可能なので」と言い、そのアドバイスに従うことを余儀なくされた。

さらにもうひとつ、これも既に十年ほど前のことである。

我が家の近隣で高層マンション建設計画が持ち上がった。日照権その他の環境の悪化、地盤の沈下による財産の被害、工事に伴う安全確保などといった問題が取りざたされ、反対運動の機運が盛り上がった。建設断固反対という声が強くなり、わたしにもその運動の中核を担うようにとの懇請があった。それまでに地域の様々な取り組みに積極的に関わってきた経緯が作用したのだろう。しかし、わたしは大いに躊躇った。先ずは、我が家は直接の被害を受けそうになく、その意味では当事者の資格に問題があった。しかも、わたしが関わることが運動に不利をもたらしかねないという懸念があった。地域住民というレベルでは民族とか国籍など関係ないというのは、現実を知らない人の台詞である。そういうところでこそ、実に巧妙な何かが作用する。わたしが一枚噛めば、わたしが「在日」であることを盾にした運動切り崩しの工作が起こりうる。これは在日朝鮮人が逃れることのできない危惧でもある。

しかし、それまでの地域の諸活動で培われたつもりの連帯感もあった。再三の懇請を受けて、ついには運動への参加を受け入れた。但し、不安は大きかった。勝利の可能性は極小で、そのうえ、仲間割れ、憎みあいで終わることも予想しないわけにはいかなかった。だからこそ、何があっても誰も憎むまい、裏方に徹して最後まで責任を負おう、と自らに言い聞かせつつ、運動の一翼を担う決断を下したのである。

当初の景気のいい断固反対の掛け声とは裏腹で、この種の運動は脆い。建設業者にとって、建設計画の頓挫は会社の死活に関わる。人口と税収の減少に悩む行政は、環境の保全を標榜しながらも、実のところは住民の呼び寄せと税収の増加を狙って大規模工事を歓迎している。住民のほうは団結とは言っても、実際上は利害に大きな差があるから、熱意にも大きな差があり、抜け駆けで利益をせしめる人がいるのではなどと、疑心暗鬼が拭えない。そうした裂け目に付込んで、政治家や地域の顔役が建設業者の為に暗躍する。というわけで、運動が厳しい局面にさしかかってくると、最初は威勢のよかった人々も次第に他人の後ろに身を隠すようになる。一方、わたしのほうは当初からそうした事態を予想し、計算に繰り込んだ上での「大決断」なのだから、自尊心も絡んで、態度を変えるわけにはいかない。裏方に徹するという当初の意思に反して前面に押しやられる。役所への陳情、相手側との交渉など、心身ともに疲労の極限が近づいてくる。運動の中核にも勝利の成算についての不安が、さらには嫌気が浮かび上がる。そして案の定、そうした局面に立ち至ると、建設業者はわたしを標的にし始めた。

団体交渉の席などで、業者の代表が奇妙なことを口にしだした。「日本人なら理解できることを理解しない人がいるせいで、話がややこしくなって困ります。わたしたちだけなら、穏便に話はつくのに。」

この地域に日本人ではなさそうな名前の住民はわたしたち家族だけだった。したがって、それはわたしと地域住民の分裂を狙う戦略に則った確信的な言葉に違いなかった。わたしはもちろん抗議したが、予期に反して、そのわたしの抗議に同調してくれる住民はいなかった。それに味をしめたのか、今度は建設業者の下請けをしている強面の不動産業者が、民族差別的な言辞ばかりか、物理的な威圧を直接にわたしと家族に向けるに至り、家族の身の危険まで感じざるを得なかった。実際に、公衆の面前で襟首を締め上げられるということまであった。ところが、誰一人、わたしを助けようとする人はいなかった。それどころか、その場に居合わせたわたしたちの代表は、あろうことか、わたしをたしなめるような台詞まで口にし、業者の戦略に自ら進んで乗る始末であった。

地域の住民のなかで民族差別の直接の関係者はわたしとわたしの家族だけであった。それを黙認したという意味でなら、そこに居合わせた人々全員が関係者と言えないわけではないが、そこまで日本人に厳格なことを要求する気はわたしにはなかった。しかし、地域住民の為の運動が契機となり、その派生物として民族差別的な事件が起こった。業者側としては、建設計画が予定通りに進むことが最大の眼目であり、そのためにこそ、わたしに狙いが向けられたわけで、わたしにかかわる民族差別の問題はこの地域住民の運動によってこそ解決が図られねばならないし、それなくして、この運動の勝利はありえない。言い換えれば、地域住民はわたしを守る義務があるし、それは彼らの利害にも直接に関係している、ということになる。理屈してはそうであるに違いない。しかし、わたしはその種の「正論」で日本人に対するつもりはなかった。この種の問題（つまりは民族絡みの問題）となると、住民の多くが口を閉じ、身を隠す。あげくは、抗議するわたしを波風を立てる厄介者とみなすであろう、と考えざるを得なかった。そうしたことを物心ついて以来、思い知らされて生きてきている。

そこで、民族問題をわたしたち家族だけのものとして、マンション問題とは別に解決する道を探った。役所その他に赴き、問題の解決法を探ったが埒があかず、仕方なく、怖気を振り払い、一家そろって先の不動産業者宅に赴いた。抗議し釈明を求めた。当初は居直るどころか、逆に言葉や仕草で威嚇を繰り返していたが、こちらの覚悟が並大抵ではないと悟ったのだろうか、ついには謝罪を勝ち取った。先方も、建設計画を推進するにはそのほうが好都合と判断したのだろう。

要求した確約書を受け取った。「地域住民に暴力的な威圧、もしくはそう思われかねない言動は断じてしません。外国人に対して、差別、もしくはそう思われかねない言動は断じてしません」というのがこちらの要求であり、相手はしぶしぶながらもそれを受け入れた。

わたしはこの事件は個人的であると同時に地域全体のものと考え、その間の経緯を文書にして地域住民に配布した。それが地域の住民運動にも幸いすると考えてもいたからである。ところが、全く反響はなかったし、その後も、その間の経緯について口を開く人は皆無だった。「わたしの仲間たち」はわたしたち一家を完全に孤立させることによって、「敵側」の戦略にまんまと乗ってしまった。その後、反対運動は見事に切り崩され、急速に瓦解した。住民たちとしては、わたしのようなややこしい人と関わりにはなりたくない、といったところなのであろう。彼らにとって敵は、彼らにとっての「わたしたち」の平穏をかき乱す「よそ者であるわたし」というわけである。同じ社会に生きる市民としての義務と責任を果たそうとする意志と努力は、こうした冷たい暗黙の了解によって見事な成果を得たわけである。

こういう体験をもってしてただちに、日本人はすべて差別主義者などと言い募るつもりはない。また、こうした人々の挙動が日本に特有のものだなどと言うつもりもない。人間どこでも身を守るためにいろんなことをするに違いない。反対運動に倦み疲れてきた頃に、ちょうど幸いなことに、民族差別といったややこしい問題が発生して、身を引く機会が生じた、といったところなのかもしれない。しかし、こうした出来事において、この社会が備えるいまひとつの姿が顔をのぞかせ、少数者をひどく傷つけると同時に、この社会の溝を温存する。

そうしたことこそは、わたしたちが普通の社会人としての責任と義務を果たそうとするとき、必ずといっていいほど直面する冷たくて無表情な壁なのである。

わたし達が日本人になることが、こうした事態に解決をもたらすのであろうか。関川的訓辞はこうした現実を踏まえて発せられているのだろうか。関川的訓辞は関川的知識と体験から繰り出されたものなのであろうし、日本人の中ではすぐれて「在日」的状況を知悉しているといった自信に基づくのであろうが、そこに現実認識の盲点が、さらには、それと裏表になった傲慢がひそんでいるのではないのだろうか。

偏見と無知の自認

世界を知り、韓国を知っていると自任する人たちほど、在日朝鮮人の視野狭窄と現実感覚の欠如を笑う。例えば彼らは、「祖国の本物」の人たちの衣を借りて、「在日」の無知と硬直を笑ったりもする。しかし、「祖国」の韓国人には彼らなりの問題があり限界があるし、日本人にもまた。同じように、「在日」には「在日」固有の問題があり、それゆえの限界もある。わたしたちは個々の不平等を云々しても、その責任のすべてを、各々が限界を持って生きている個々の日本人にも、また、「祖国」の人々にも帰そうなどとは思っていない。

もし彼等が言うように、「在日」が無知であるとするなら、そうなる一定の条件があった。その条件あるからといってわたしたちの責任が解除されるわけでもないのだが、そういう条件があったという事実を無視するわけにはいくまい。例えば、関川のように韓国と日本を股にかけて、というようなことが、あの時代に「在日」ならば彼ほど容易にできたことかどうか。彼にそれが可能だったのは日本という大国の庇護があったからに違いなく、彼がそれを知らないはずはない。

関川の議論に即するために避けてきたのだが、最後に、なけなしの知識を総動員しつつ、大風呂敷を広げてみたい。

一つの社会が同一国籍の人々だけによって構成されなくてはならないという「絶対的」根拠はない。「在日コリアンが国籍を変更したうえでオリジンを主張する」というような、これまでの歴史を見れば甚だ非現実的でややこしい手続きを経ることなくとも、様々な国籍を許容するような社会を作ることは不可能ではない。従来の国籍を固定的なものと看做して、それに現実を合わせるのではなくて、現実の要求に法制度をあわせていくのが、むしろ普通の人間が考える普通の筋道ではないのか。国民の権利という概念に代えて市民権という考え方がその一つである。日本と同じように血統主義を取るドイツでさえも、外国人に地方参政権を与えている例があるらしいではないか。

少しずれそうなのだけれども、フランスの婚姻制度の変遷も大いに参考になりそうだ。フランスでは結婚しないカップルが増大している。そしてそうした現実に合わせて法律が整備されつつある。いわゆる同棲のカップルにも、結婚した夫婦とほぼ同一の権利が与えられている。さらには同性間のカップルにも、である。もちろん差異はあるが、それは個人の趣味や考え方による選択の領域に属するものになっているらしいのである。関川ほどには世界のことを知らないわたしでさえもこの程度の反証を差し出すことができるのだから、彼は物知りとして議論を差し出す際には、体験した事実をすぐさま自分の理屈に都合のいいように一般化することなく、それを他の様々な事実と照合して、限定的なものとして提出すべきではなかろうか。でなければ、「西欧の良き一例」を錦の御旗にしたてて、日本やアジアの現実を見下ろし叱咤激励することを使命と看做した西欧至上主義的「観念主義者」の轍を踏むことになりかねない。

無知や生半可な知識は恐ろしい、というのは他人にだけ当てはまるものではない。とりわけ、それを吹聴できる媒体を持っている場合には、もともと「偏見」を持つ世間はソフィスティケートされたそれを喜んで受け入れるように出来ていそうだから、結果的にデマゴギーになってしまう。

ともかく、現実に合わせて婚姻法を整備する努力が実を結び、機能しているわけだから、国籍に関しても、複数の国籍を持つ人々がほぼ同等の権利と義務を保持しつつ営まれる社会を展望することも可能なのではなかろうか。共生という言葉は見果てぬ夢ではない。もちろん、そういう動きに抵抗する勢力があり、それを補完する「善意の」議論もあるけれども。

第六章

偉くなった物書き、あるいは民族主義について

公平を失しないためには是非とも迂回しておかねばならないことがある。そうしないとわたしのつぶやきは無知が故の難癖と思われかねない。なるほどわたしは無知ではあるが、人の文章に難癖をつけているくらいなのだから、その無知にも許容範囲というものがあるだろう。

関川の議論に対してわたしが反措定として提示してきた「在日」の事情といったものを関川は概ね知っている。すでに書かれたものから推察するに、知っているし、知らないことでもおおよその推察を付ける程度の知識を持っている、と少なくとも本人は思っている。言い換えれば、知っているる「つもり」である。

この「知っているつもり」というのは、おそらくはものを書く際に必須の自負であろうが、その裏面には、恐れや羞恥がつきまとう。知っているつもりなのだが、実は知らないのかも知れない。そうした恐れこそ、物書きが抱えもつ宿命であり、それを自覚した者にある種の倫理を要求する。書いたことの責任を引き受けねばならない。或いは、そんな大層なことでなくとも、知らないことを知っているように言わない、くらいの慎みを肝に銘じなくてはなるまい。

知っているつもり——書く者の倫理

ところで、関川はわたしがあげつらっている短文のような議論を、常に反復してきたわけではない。対象の差異をさて置くとすれば、継続性なり一貫性があるだろうし、成長もある。そして、その成長は変化を孕むこともあるだろう。

たとえば、『海峡を越えたホームラン』と「在日小説論」（既に言及した「後書き」のこと）とでは眼差しの位置が違う。ジャンルが異なるということもあるし、微妙で些細な変化にすぎないように見えもするが、そこにわたしはひっかかりを覚える。あの『海峡』を書いた人物がどうしてこのような転回をしたのか、と。

『海峡』における関川の自己認識は抑制がきいたものだった。人物をして語らしめる手法の堅実さもあるのだろうが、韓国も「在日」もあくまで他者として見つめられている。他者に寄り添い、一体化しようとして、時には跳ね飛ばされる。そうしたところを書き手はしっかり捉えている。

韓国人や「在日」の無知や限界も抜かりなく描かれているが、それは現実を生きる個々の人間のそれとして捉えられており、批判的眼差しも居丈高な非難の臭みを免れている。

例えば、関川が交渉を持った「在日」の野球選手たち、彼らは揃って、日本と韓国の文化の相違に苦しみ、その果てに、「祖国」よりむしろ「異郷」とされている日本に自らの根を見出す。関川の言を踏襲するなら、「日本文化人」の自覚に達する。そして、あるものは決断を下す。帰化するつもりだ、子どもがかわいそうだ、だから子どものためにも、と。

関川によって掬い上げられたそうした口調、もしくは心理の経路は、わたしたち「在日」にとって目新しいものではない。「在日」が帰化する「在日」を、近親憎悪のあまり裏切り者扱いすることがあるとしても、自身を顧みて、その「裏切り者」の内的遍歴のリアリティは否定し難い。自己憐憫も絡んで、同情できる部分が少なくない。つまりは、裏切り者呼ばわりする者とされる者が共存する世界、そうした共感と反発の絆によって結ばれた集団が「在日」だと、少なくともわたしは思っている。

そうした「在日」とは異なって日本人である関川は、「在日」の野球選手達の「祖国」との遭遇に始まる失望、幻滅、葛藤、そして決断といった一連の過程に寄り添って始めてそうした「在日性」を発見するに至ったわけで、彼の功績は得がたいものがある、とわたしは賛嘆する。例え善意から発していようと、日本人がそこにまでたどりつくのは容易ではなかろう。固定観念や歴史的に蓄積された心情の束縛を脱してそうした生きた現実を捉えることは誰にだって難しい。関川の『海峡』は、歴史や社会に翻弄されながらも、自らの人生を選び取る人間達の現実をとらえている。そうして浮かび上がってくる人々の姿は、わたしたちを慰め、勇気付ける。

ところがその関川が、その後、わたしにこうした連綿とした恨み節的つぶやきを促すような文章を、まるでこれまでのフィールドワークと研究と個人的体験の総決算のようにして書くに至る。何故なのか、と思わずにはおれないのである。

現実から「現実主義へ」

そうした問いに対する手がかりとするために、ここで大きく迂回して、柄にもない大問題を提起してみたい。というのも、関川の書き物史に似た光景にわたしはこれまで何度も遭遇したような覚えがあり、これはひとり関川に向けられるべき問題ではなさそうだという感触があるからである。それにそもそもが、このつぶやき、関川に触発されて紡がれていることは確かなのだが、それを出汁にして「わたしたち」の強張りを解きほぐすことが目的であり、その契機になるものは何だって取り込んで考えて見るつもりだからでもある。

さて、ひとは何故文章を書くのだろうか。或いは、ひとは何故、必ずしも楽しくはなく、むしろ苦痛さえも伴いがちな表現行為に駆られるのだろうか。ある種の感動がその契機というのはよく言われることなのだが、それとは別に、既成の表現に対する違和感に衝き動かされて、といった場合もあるだろう。流布している論理や表現スタイルである種の感動が、あるいは世界の説明が施されれば、自分の感じ方の居場所がなくなるという一種の疎外感、或いは逆に自分自身の独創性の感触、そうしたものを契機にして表現が立ち上がる。とりわけ評論的な文章では、自らの解釈を前例と対比させて展開することが多い。例えば、制度化した知の制度が攻撃目標とされる。サイレントマジョリティに成り代わって、流布している欺瞞を暴露し、真理や正義を世に示そうというわけである。といったように、書き手の意識においては、声なき大衆の感情や意識なるものと共同することによって、現実から遊離した知的遊戯に耽る愚昧な「知的大衆」を挟撃するといった図が描かれる。とりわけ新進の評論家は、先人が刻苦精励のはてに発見したり創造したはずなのに、今や制度と化してしまった思考スタイルを攻撃する。その根拠は、新しい世代が肌で呼吸し感触で捉えているが、既成の論理、既成の心情に呪縛された人々には見えない先端的現実というわけである。もちろん「知的大衆」による反撃は覚悟のうえであり、むしろそれあればこそ彼の使命感は刺激される。

新しい書き手によってそのように差し出された「新しい真実」というものはしかし、彼の独占物ではない。先にも述べたように、彼にそうした「真実」を書くべく促す潮流がある。地殻変動が既に生じており、彼・彼女たち「前衛」はそうした変動を鋭敏に感じるばかりか、先陣を切って明瞭な輪郭で差し出すに至った。

ところが、である。その新しかった「真実」も時を経るうちに常識と化し、今度はそれ自体が制度になる。つまりは、一時の前衛もまた知的制度を構成する多数者に「成り上がって」いる。であるのに、そのかつての前衛の意識には、因循姑息な知的制度に抑圧された少数者、つまりは抵抗者という自己像が残る。この図、他を批判するのに都合がいいし、しかも既に自家薬籠中のものである。ここで既に、現実に対する惧れや緊張の喪失、さらには現実との乖離も始まっていそうなのだが、「昔の前衛」は一度掴んだ「現実」を普遍的に使用可能な観念装置に仕立て上げ、そのあげく、大衆に向かっての、大上段からの叱咤激励が繰り出される。いわばオピニオンリーダーとしての使命感が善意や知識を盾にして膨れ上がる。

「偉くなってしまったもの書き」という古くて新しいテーマが浮かび上がる。現実を「他者」として追い求める書き物と、現実を自らのものと思い込み、あげくはその歪曲さえもいとわない書き物との距離。思わず身に着けてしまった党派性とでも言うべきか。

長い迂回であったが、そうした変遷が関川にもありそうな気がする。

戦後長きに亘って、「進歩派」が人々の現実に測鉛を降ろし、その希求に言葉を与えていた。ところが、その「進歩派」も今や形骸化し殆ど影響力を失っているにも関わらず、いまだに古典的図式に依拠して世界を裁断し続けている。そうした古臭い「左翼文化人的観念主義」を、関川は今や言論の主流となっている「現実主義」に基づいて批判し、その延長上で、「観念的在日」を酷評する。その際に、「在日」理解に関する彼自身の「かつて」の功績を、「今」の議論の正当性と真摯さの担保とするばかりか、自らが多数者であるという「今」の現実をも巧みに利用する。これが世界の常識であるのに、その常識に目を向けない知的大衆の欺瞞を撃つ、といったように。

自らの限定された立脚点を忘れて自己肥大するという、物書きに殆ど普遍的に見受けられそうな物語、それが関川の書き物史にも窺われる、といった感触なのである。

下司の勘ぐりめいた想像上の図柄を差し出して悦に入ろうというのではない。そうした図は、図柄は少々異なるにせよ、わたしたち「在日」にも当てはまりそうなのである。つまり、関川の言う民族主義イデオロギーに「毒された」者たちと、それに対する厳しい批判者に他ならない関川とが同じ轍の上を歩んでいるのではなかろうか、というのである。

わたしは「在日」のある種の「病」にメスを入れようとして、いわば前振りとして関川にご登場いただいてきたわけである。この先でもまた、便宜上で彼の批判図式を借用することがあったとしても、わたしにとって問題は彼にではなく、「わたしたち」、或いは、「わたしたちとあなたたちの関係」にある。

その「病」とはなにかを端折って言えば、抑圧がもたらした心理的外傷の固着に由来する硬直ということになるのだが、これでは何のことかさっぱり分かっていただけそうにない。舌の根も乾かない内で恥ずかしいのだが、早速、またしても関川の「在日」批判の議論を借りなくてはならない。

先ずは、「在日の民族主義」なるものを取り上げよう。関川は「在日」の民族主義をアナクロニ

「在日」の民族主義

ズムと指弾し、早急に清算して日本人になるのが「在日」と日本人の双方にとって幸福と宣言する。

そこで、そのアナクロニズムなのだが、この言葉は関川の「在日」批判を相当に微温化した評言である。実のところは、関川は「在日」の民族主義をその根底から批判していると考えたほうがよさそうなのである。しかし、そういうレベルでなら、わたしは殆ど関川に対して言葉を費やす必要がない。民族主義を免れている民族などなく、韓国や「在日」のそれを否定するなら、彼はそれに先立って、彼が何にもまして責任を負わねばならない日本のそれを指弾した上で、その相関物としての「在日」のそれを云々すべきで、専ら「在日」のそれを言挙げするのは、公平を失すること甚だしく、何をかいわんや、ということになってしまう。いつだって多数者の民族主義は等閑に付され、それに対する少数者の対抗的民族主義が「共生」や「融和」の障害物として指弾されがちなのだが、それは甚だしく公平、公正を欠いている。

例えばわたしは民族主義者などではないつもりなのだが、現代世界に民族主義に由来する数多くの軋轢が存在することを否定できない。それに民族的帰属をめぐって苦しんできたという個人的閲歴もあるから、できようものなら民族など消えてなくなれなどと思いはするが、そうした願いがやすやすと実現するなどとはとうてい思えず、民族主義の虚妄を言い立てるほうが、よほどに夢想であり、下手をすればデマゴギーに陥るのではといった懸念を払拭できない。さらにまた、わたしからすれば、関川のほうがわたしよりよほどに民族主義的に映る。

というわけで、関川が民族主義一般のアナクロニズムを云々しているのだとは考えがたく、あくまで「在日」の民族主義のアナクロニズムを問題にしているのだと、ひとまずは考えてみたい。かつてはそれなりに現実に根を持っていた「在日」の民族主義なのだが、今やその効力を失って久しい。にもかかわらず、何者か、あるいは何かが原因でそれを捨て去ることが出来ず、桎梏となっている、と。

そこで、関川に先導されて「在日」の民族主義について考えてみたい。但し、その定義はそう容易ではない。先に、わたしなどからすれば関川のほうがよほどに民族主義的に映ると書いたが、ご本人なら、「何を冗談を」と立腹するかもしれず、ことほどさようにその言葉が意味する内容は、立場によって大いに異なりそうなのである。

がともかく、関川が論難している「在日」の民族主義なるものの大枠を理解し、その批判を検証する為に、それを三層に腑分けして考えてみる。

1 先ずは、基層文化としての民族主義があるだろう。但し、これを主義などと呼びうるのかどうかは大いに疑問なのだが、ひとまずその種の疑問を棚上げにして言えば、一世が祖国から持ち込んだ伝統的かつ民衆的文化のことである。言語がその最たるものなのだが、それ以外では、伝統行事や仕来り、とりわけ祭祀を核とした日常生活を律する諸々の決まりがある。それは概ね儒教に基づくとされ、長幼の秩序、男女の役割の厳格な区別などがその典型であろう。それはしばしば封建的因襲を云々され、なるほど「在日」を取り巻く現代日本人の基準をもってすれば、因習であり束縛と言うべき側面が多々あり、普通の日本人以上に日本的なものに対する憧れを内面化していそうな二世以降の「在日」を圧迫し、世代間の軋轢をもたらしている。

しかし、民族差別の過酷な異郷で一世が依拠できたのは肉体化したそうした規律であり、また、その種の伝統的な慣習の時空においてこそ、彼らは自らの喜怒哀楽を解放することができたであろうことは推察に難くない。それは、日常の辛苦を忘れさせてくれる数少ない時空であり、それあればこそ、彼ら・彼女らは人格崩壊ぎりぎりのところで、異郷での生活に耐え忍ぶことができたという側面もある。したがって、それがいかに因襲に満ちているように見えたとしても、はたまた、家庭や世代間の軋轢の要因であったにせよ、一気に精算を勧める議論は危険な気がする。ある時代、ある状況を生きるには、他人から見ていかに馬鹿げたものであれ、何物かを自己が依拠できるものに仕立て上げることが必要な場合が多々あるのではなかろうか。

但し、そうした現実を認めることすなわち、後続世代がひたすらそれを堪え忍び踏襲すべきというわけではもちろんなくて、当事者達が様々な回路を通してその軋轢の解消に努めることによって、世代間の相互理解が果たされるに違いない。

しかも、因習を云々されるこの種の時空を結節点として、「在日」の集団的紐帯が保たれ、その紐帯がまた彼らの生活を守ったということも忘れるわけにはいかない。少なくとも、それなくして、「在日」の民族主義などありえなかったという事実を十分に踏まえてこそ、「在日」の民族主義の実質に触れる可能性が開けるだろう。

②次いでは差別・被差別という対立項、つまり民族対立で世界を切り取るような世界観がある。関川に言わせると、「今やほとんど差別などない」のだから、それは許されざる責任回避であり、「在日」の成熟を阻む障壁になっているとされる。これについては、「差別など殆どない」という判断が果たしてどれほど現実に根ざしているかという角度から、くどいほどに反論してきたのでここでは繰り返しを避けたい。

但し、ここで最低限言っておかねばならないことがある。関川は『海峡』では、日韓の狭間で苦しみ、ついには「帰化」を決断する「在日」の選手たちの心情に寄り添っており、その叙述を思い返すと、「在日」に対する差別など殆どない、という彼の言をどのように理解していいのか途方に暮れることになる。そこで、その点に限って少し立ち入っておくことにしたい。

韓国のプロ野球の草創期に参加した「在日」の野球選手たちはほぼわたしと同世代、つまり、一九五〇年前後に日本で生を享けた人たちで、彼らはそれなりの差別を経験しただろう、とわたしは自らの経験に照らして思うし、関川もまた多少はそれを認めているように思われる。しかし、その先でわたしと関川とは袂を分かつことになる。関川に言わせれば、そうした差別を被ったであろう彼らでさえも、ついには日本の文化・社会に自己を一体化することに生きる道を見出したのだから、その差別とは耐えられる範囲であり、差別が故に祖国幻想を抱くことのほうに非がある。ましてや、差別が改善された現代に生きる後続世代は、関川が描き出した彼らの遍歴などを範にして、日本の社会に意識的に帰属することによって雄雄しく生きるべきだと叱咤激励する。要するに、わたしのように「うじうじ」と差別を云々するのを、エクスキューズ、あるいは弱犬の遠吠えとして一蹴しているわけである。

わたしとて、その議論になるほどと思える部分がないわけではないが、しかし、「子供がかわいそうだ」という例の、目もとが滲んでくるような台詞をどのように理解するかで、関川の理解とわたしのそれとには決定的な差異が生じるように思われる。

そこで、その「子供が……」の台詞なのだが、彼らばかりか一般に帰化する人たちの大抵がそうした台詞を口にしたり、胸にしまいこんでいたりするようである。自らの国籍選択といった人生の大問題に直面して、子供をだしにするのは大人らしくない、などと偉そうなことを言うつもりはないけれど、何故彼らは自分のこととして、自分の人生の今後といったように問題を設定していないのか、それがわたしには疑問である。なるほど彼らの人生において子供は大きな位置を占めているのだろうが、それが本当に彼らの選択や決断の決定的な契機なのか、そこに隠されたものはないのか、と訝しく思わざるを得ない。

他方、関川はそうした言葉をどのように理解しているのだろうか。自分の責任で帰化してしまえば、子供達は自分のように祖国幻想に捕らわれたあげく無用な苦悩に陥ることを回避できるだろう、と彼らは考えた、といった風に関川は理解しているのではなかろうか。関川は、「在日」の困難の多くが、無用な祖国幻想に発していると考えているからである。それに対してわたしなら、ごく単純に、韓国籍、あるいは朝鮮籍であるかぎり、日本で生きるのに多少の困難を免れないから、親としては日本の社会に言いたいことはいろいろとあるけれど、この際、必要悪或いは次善の策として帰化を決断する、といっているように聞こえる。もちろんその先には、子供に祖国幻想で苦しむことを免れさせてやりたいといった含みもあるかもしれない。しかし、差別その他の困難がなければ、祖国幻想などが生まれる可能性は激減するはずで、差別と祖国幻想とは彼らにとって同じことの裏表だろう。

つまりわたしに言わせれば、日本で異国籍を抱えて生きる事は決して容易いことではないといった、ごく当然のことを彼らは言っているにすぎない。彼らは差別の存在を否定しているわけではなく、あくまで苦渋の果ての選択として帰化を選んだ。それは一種の諦観の結果であり、その心の奥では、民族的帰属といった選択を強いられない世界を希求している。つまりは、民族や出自が異なろうと、差別や過重な心理的重荷を免れるような社会、そうした社会への希求と表裏一体の深いため息として彼らの言葉を読むべきであろう。そうしてこそ、彼らの決断を、この社会ばかりかあらゆる社会に通底する人間の言葉として活かすことができるはずである。

3 最後に、上記の二層を政治的に集約したいわば政治的民族主義。これは「在日」の歴史的淵源に遡った上で、「在日」の解放を模索する。つまりは、日本の植民地主義の罪科を問い続け、その延長線上で「祖国」と「在日」の解放を唱える。とりわけ「在日」にあっては、かつての亡国の悲哀の記憶に加えて、現実の民族差別に抵抗する基盤となる民族的正当性の認識が必要不可欠とされ、究極的には「祖国」が問題となる。つまりは、「祖国」に「在日」を収斂させる政治的民族主義ということになろうか。

この最後の側面こそ、関川の言う「在日」の民族主義イデオロギーの名に最もふさわしく思われる。関川はこうした「祖国幻想」を拡大再生産するイデオロギーにこそ、「在日」が自ら進んで抱え込んだ困難、さらにはアナクロニズムを見出しているようである。関川が「在日」を指して繰出す「日本文化人」という造語の執拗な反復はそこに由来する。「在日」の祖国とは日本に他ならないのに、旧態依然の民族イデオロギーがそうした自己認識を妨げ、若い世代に無用な苦しみを強いている、というわけである。わたしはこれまでこの種の問題については議論を避けていたということもあり、以下は主にその点に焦点を絞りつつ、「在日」の「病」に足を踏み入れたい。

イデオロギーと「在日のムラ」

さて「在日」の民族主義と言っても、それを一概に論じるわけにはいかないと考える向きがあるだろう。南北の政権の各々に支持を表明している二つの大きな大衆団体かつ政治団体を両極として、その間に色とりどりの中間派もある。それらを個々別々に考えなくてはならないというのはしごく理屈にあっていそうである。

しかし、いわゆる「在日」の民族イデオロギーを戦後このかた主導してきたのは、圧倒的に左翼的なそれであった。すなわち「親北」系の団体であり、その「思想」である、というのは常識に属すると思われるし、関川にせよ、「在日」の民族イデオロギーを論難する際に中心的にイメージしているのは、その影響下の様々な潮流だろう。

そこで、「在日」における南北の区別や対立というものも、主流たる「北」系のイデオロギーに対する忠誠、離脱、対立、反撃といったように、それに対する距離の置き方のグラデーションと見なして大過なかろう、とひとまずは独断的に考えて前に進むことにする。

というわけで、この先は「北」系の政治的民族主義を中心に考えてみたいのだが、政治的・歴史的事象にこと細かくつき合うつもりもなければ、その能力もわたしにはない。せめてそのエッセンスだけでも拾い上げることができれば、当座の議論の役には十分であろう、と逃げを打つことにする。ご容赦をお願いしておかねばなるまい。

少なくとも一九六〇年くらい（例の祖国帰還運動）まで、或いは、遅くとも一九七〇年頃までは、「北」系の組織が「在日」の輝ける星であった。その頃、日韓条約の法的地位協定締結を契機に、「北」から「南」への国籍変更の雪崩現象が起こった。その後も次第に「北」の支持者や影響力の減少が続くのだが、それでもなお「北」のシンパ、もしくは「北」系の組織に属する人が消えたわけではない。「北」派に留まることが目に見える利益をもたらすはずもないのに、いまだにそれが継続しているのは、かつてそれだけ「北」への信頼、或いはその影響が強かったことの証左であり名残なのだが、それには幾つかの歴史的事情が複合的に作用した。

植民地下の民族解放闘争、次いでは、第二次世界大戦後の世界における民族解放運動の潮流もあれば、日本における戦後の思想的潮流もあった。それらは多かれ少なかれ、社会主義もしくは共産主義的なイデオロギーに主導された民族主義の潮流であり、今やすっかり忘れられた感が強いけれども、日本の戦後思潮もその例外ではなく、「在日」だけが左翼的民族主義の影響下にあったはずもない。

しかし、そうした左翼的潮流の波が日本で引き潮になった後でもなお、そうした左翼的民族主義が「在日」においてはしぶとく生き延びたのは何故か。彼らをして解放を求めさせる与件が消失したわけではないこと、つまりは、民族差別は引き続き温存されたことがある。「在日」は解放国に所属していたはずなのに、その「解放」後も尚、解放を求め続けることを余儀なくされた。

多くの「在日」が「それ」に希望を託し、自らを立ち直らせようとした。自らを負としてではなく、「普通」の人権を持った存在として捉え直そうとする、或いは、そうしないと生きがたいと思った人々が最も依拠しやすかったのが、時代の主流である左翼民族主義であった。

次いでは、そしてそれより重要なのは、それが単なるイデオロギーにとどまるものではなかったという事実である。「在日」の民族主義は政治的なイデオロギーにとどまらず、「在日のムラ」として現実的な基盤を備えていたのである。

それはある意味では、「在日」の成立過程の必然的な結果でもあった。強制的に連行された人々を除けば、「在日」の多くは地縁血縁を主要なネットワークとして渡日し、職住ともにそこを離脱して生きることは難しかった。そして解放後は、強制連行された人々であれ、自発的にあるいは致し方なく渡日した人々であれ、何らかの理由で継続して日本での在住を余儀なくされた人々は、その多くが相互扶助でもって辛うじて命をつないできた。

繰り返しになるが、「在日」の民族主義なるものは、単なるイデオロギーとしてのみならず、一つの村もしくは社会を土台としていた。とりわけ、「北」系の組織について言えば、集住生活を基盤にして、権利獲得、生活擁護の運動の中核として支持を得、影響力を保持することで、その社会を揺るぎないものに仕立てあげていた。つまり、単なる政治的組織を越えて、一つの有機的な社会を構成するにいたっていたのである。

彼らが自らの努力で創り育成してきた幼稚園から大学までの教育機関がある。銀行を持ち、企業を持ち（私企業であっても、そこから組織への信じがたいほどの寄付があったし、実質的に組織が決定権を持っている企業まであった）、新聞を持ち、商工人の組織を持ち、科学者や文化人の組織を持っていた。さらには、中央から末端の地域単位に至るピラミッド型の組織系統が成立していた。末端では相互扶助や親睦のための団体としての性格が色濃く、そこには一世的で基層的な民族文化が、その封建的要素をも含めて生きていた。そうした基層文化と濃密な人的ネットワークを担保にしてこそ、その組織、その社会は揺るぎない実質を保持できていた。それを皮肉に言えば、一世的で封建的な因習と、左翼的で中央集権的組織論が「野合」して、中央からの上意下達の網の目組織が張り巡らされていた、ということにもなるかもしれない。

「在日のムラ」は日本の大社会の中での小社会を構成していた。地域的に密集して職住を含めてムラ的に生活共同体を形成していたというにとどまらない。たとえ分散していても、伝統的で濃密な血縁関係や共通の記憶（亡国の悲哀）、さらには日本における被差別体験の同質性、そしてそれを晴らしてくれるはずの「夢」や「理想」などを担保に、彼らは結集していたのである。そのスローガンがいかに政治的に映ろうとも、相互関係・紐帯の触媒は必ずしも民族主義などというイデオロギーや、祖国統一や社会主義革命といった政治的スローガンにのみ還元されるものではなかった。

しかも、その「ムラ」が日本の大社会に包囲されていたという現実はそのムラの性格に大きく影を落とす。民族的「ムラ」を、単一民族神話に依拠しそれを具現しようと努める日本の政治体制が寛大に放置するわけもなく、公安警察は不穏団体として日常的に監視を怠らず、目に見えない壁がその周りに張り巡らされていた。日本の社会が拡大再生産してきた差別主義的体質と政治的な包囲網、そしてそれらと相関する「在日のムラ」的閉鎖性とが、相互に対立すると同時に支え合って、「在日のムラ」を密室的にしていく。

多数派の敵に包囲された少数派の組織あるいは社会という条件は、組織防衛の問題を焦眉の課題にさせる。例えば、内部のメンバーが組織のイデオロギーや実態に対する疑念を抱いたとしても、それを口外することは難しい。規律としてそうであるばかりか、個々の内部で、それを抑圧する心性が育てられる。疑念や批判を口外することは、自他共に認める利敵行為となる。敵は打倒されねばならず、ムラから放逐されねばならない。

「ムラ」の外は、「敵」の世界である。「敵」の世界で孤独に生きることは、生活上の困難に加えて、心情的にも難しい。「民族」に対する「裏切り」を指弾されるばかり、その種の嫌疑を自らに向けることを余儀なくされる。頼れるのは、親戚縁者を除けば、その組織もしくは「ムラ」以外にはない。「ムラ」を離れれば、一人でこの社会の差別的眼差しに晒されることになる。それを免れようとすれば、肉親血縁、知己などと絶縁して、徹底的に擬態を身に着けた偽日本人として生きるしかなかった。

要するに、関川の言う悪しき民族主義にもそれなりの必然性があった。日本の差別状況がなくなればおそらくそうした民族主義的帳は薄くなるであろう。敵がなくなれば内部の風通しはよくなるであろうし、内部外部の区分け自体が崩壊していくであろう。しかしそうではなかったのである。「在日」の民族主義、それは一世的記憶や肉体化した祖国への追憶に加えて、「在日」の外部に相関物を持っていた。そうした基礎条件が「在日」の民族主義を成立させていた根本のものであり、それがある時期までは、「北」の政治的かつ社会的「ムラ」に集約されていたということになる。

以上は「北」系の「在日のムラ」に重心をかけて語っているが、関係の緊密さに多少の差異があったとしても、非「北」系でもよく似た状況であった。

但し念のために言い添えれば、「在日」の全てがそうした「ムラ」に住んでいたわけではなく、そこから様々な距離をもった人々がいたし、ムラの存在など知らないままに生きてきた人もごく稀であれ存在していただろう。しかし、一般的に「在日」の民族イデオロギーについては、そうしたムラの確固たる存在を抜きにしては語れないだろう。

「ムラ」の解体

しかし今や、そうした「在日のムラ」も二つの方向から解体を云々されつつある。一つは、囲いの希薄化である。一九六〇年代以降の日本の高度経済成長の「おこぼれ」もあって、「在日」の経済水準が飛躍的に向上する。そして徐々にではあっても、日本の差別状況も改善された。例えば公的奨学金や公的住宅への入居資格、さらには国民年金の受給資格などが一九七〇年頃を境にようやく与えられる。また、一世が次第に退場しはじめ、その結果、亡国の記憶は風化し、基層文化もまた次第に消失していく。こうして、ネットワークが綻び、「ムラ」は拡散していく。

こうした状況をもってして、「在日」的問題の解消を云々する向きが急速に勢いを得ており、関川的議論もその一翼なのだろうが、既に述べてきたように、わたしはその種の意見に与するわけにはいかない。

この社会のシステムの基底に、「在日」的問題を絶えず再生産する何ものかが存在し、それは必ずしも日本に限られたものではないかもしれないが、この社会には間違いなくあると、経験がわたしに教える。わたしは日本に生まれ、そこで育ち、そしてそこで死ぬことになるであろうから、その何ものかがあたかもないかのように、ものを考えたり、行動したりはできないのである。

さて、「在日のムラ」の崩壊の今ひとつの原因は、先に述べたような政治的民族主義を吸引してきた「北」の威信の凋落である。今や「北」は悪の枢軸を云々され、その権威も失墜したようである。当然、「在日」の「親北」派は周章狼狽を隠せず、「北」の出先機関的に「在日のムラ」を政治的に集約してきた組織の影響力も著しく低下した結果、組織を離れ、あげくはこの機会に過去を一切清算する人、つまりは、民族など糞食らえと、「こだわり」を棄てて日本人になる人もいるという。

その一方で、これまでの「在日」の遺産を守り発展させようとする人たちは、過去の誤謬などの責任を組織的に、また個人的にどのように担うかについて、思いを巡らしている。そうした人々がいなければ何一つ頼れるものがない層がいまだに存在し、その無言の声が彼らに責任を担うように促す。

しかし、彼らの努力には大きな障害がいくつも立ちはだかっている。一つは「北」の政権との距離の問題がある。彼らは「北」の政権に対して直接に影響力を行使する道を与えられたことがないし、今後もその可能性はない。しかも、「北」の政権とその下で呻吟している人々（その中には彼らの血縁や知己も含まれている）とをどのように峻別して、彼らの意思を、希望を実現しうるかが見えない。「北」で飢えや貧困に苦しむ肉親や知人への送金（それは「北」の政権への支持と見なされ、今や犯罪行為とみなされているが）をやめたり、「北」への支持を取りやめるのは、彼の地で呻吟している人たちを見捨てることになりはしないか、といった躊躇いもある。

今ひとつの障害は日本の社会の現今の風潮に関わっている。戦後処理を怠り、五〇年以上にわたり、かつての植民地支配と民族差別の責任を引き受けてこなかった日本の社会が、まるで常に無垢であったかのごとくに、「北悪玉説」の大合唱に和するという状況は、「在日」、とりわけ「北のムラ」に生きてきた人々の反発を呼ばずにはおかない。「北」に対する指弾は、「北」を様々な理由から支持してきた「彼ら」の指弾へと短絡し、あげくは、罪のない子供達への攻撃に至っている。その結果、彼らの言動はついつい組織防衛的な外貌を帯びざるをえない。

というわけで、その内部では苦い汁を噛み締めながら、「北」に「欺かれてきた無知な民族主義」と言われるものの中にも存在していたに違いない「善きもの」を、今後どのようにして生かすべきか、生かすことができるかに知恵を絞っている人たちが多くいるに違いない。

そうした人々の試行錯誤を貴重だとわたしは考えている。同じく「在日」として生きてきたわたしとしては、そうした努力を見守るばかりか、親や先輩や友人達が必死になって守り続けてきた志を継いで生きたいと思っている。

問題は消えたわけではなく、問題の形が変わったにすぎない。最近の日本の、無限定に自己を「無垢」とみなした上での防衛意識、排外意識の高まりを見るにつけ、問題はさらにねじれて、複雑化しつつあるとさえ思う。

だが、そうした事態を嘆いてばかりいる場合ではない。いかに困難であれ、こうした事態からわたしたちは、「在日」ばかりか、日本と世界の未来に関わる何ものかを獲得していかねばなるまい。「共」に生きようとする限り、歴史とイデオロギーと権力、そして飽くなき自己肯定の欲望とが絡み合ったこうした事態を懸命に生き、錯綜を解いていかねばなるまい。そのためにはいたずらに他を貶めるのではなく、己を見つめ直さねばなるまい。

第七章　「在日」内部へ

内部への眼差し

今や「在日」とその民族主義は非難の矢面に立たされており、「在日」の一人として擁護に努めたいのは山々なのだが、その気持ちを敢えて抑えこんで、むしろ、外からの批判をこれ幸いと、改めて自己を見つめなおしたいと思う。つまり、「在日」の内部、とりわけその否定的な側面に焦点を絞りつつ「在日」が抱えている問題の一端なりとも明らかにしたうえで、そこからの脱却の道を捜し求めたいのである。

さて、「北」の権威の失墜という状況にあって、「在日」における反もしくは非「北」派は、溜飲を下げて喝采しているかと言えば、必ずしもそうではない。「北」に違和感、さらには反感を覚えつつも、それでもやはり「北」のイデオロギーのバリエーションとでも言うべき思考方法を採用することを善であり当為であると考え実践してきた人たちが少なくなく、かく言うわたしもその一人である。したがって、「わたし」と「彼ら」とは同じ穴の狢くらいの引き受け方が一度はなされなくてはなるまい。これを、わたしたちの考えの変種が「北」のそれと言い換えたほうが了解を得やすいかもしれないが、わたしはあえてその言い方をとらない。というのも、それは否定的なものを突然変異として切捨てることによって自己防衛する傾きを持ち、経験を生かすのとは正反対の結果になりかねないからである。

〈ここで使用している語彙「北のイデオロギー」とは何か。それは民族主義や解放運動一般に不可避な何か、そして、「北」内外の状況がもたらした何か、さらには、その両者が「在日」的状況において変形されて出来上がった何か、それら三者の複合的な何かを指して用いている。その内実を明示することなく展開している議論は、あまりにも「主観的」もしくは「心情的」といった批判が予想される。わたしとしてはそうした批判に対しては、ある程度は本書全体で答えているつもりではあるが甚だ不十分であることを認めざるをえないし、誤解の可能性を多々残していると思う。

そこで、最低限の但し書きをしておきたい。わたしは決して「北」の事情に詳しくはないし、「北」そのものに関して何かを言おうとしているわけでもない。わたしの関心は何よりも、わたしたち、つまり「在日」にある。従って、わたしが「北」という場合、実は「北」の実態そのものよりも、「在日」における「北」を問題にしている。なのにそうしたものを「北」と呼んでいるのは、わたしの中でその問題を十分に消化し切れていないこともあって、適当な用語を見出せないからである。決して褒められた話ではないのだが、ともかくそのあたりの含みを斟酌して読んでいただくことを、お願いしておきたい。〉

既に述べたことだが、一九五〇年代は言わずもがな、六〇年代に至っても「北」は「在日の星」

であり、その影響力には広大かつ強力なものがあった。わたしより上の世代なら、その多くの人々が「北」に希望を託し、その理想の実現に奔走したり、シンパシーを抱き、支援したりしたものだった。一九五〇年に日本で生を受け、一九七〇年前後に大学生活を送ったわたしはもちろんのこと、後続世代にもその痕跡が残っている。

例えば、わたしがまだ学生だった頃、彼らの「正しさ」なるものに異議を申し立てると、「後世に顔向けができるのか」、「歴史の進歩に反逆するのか」といった「正論」が次々に繰り出された。「在日」のインテリであり、自らの生活を顧みることなく「同胞」のために献身する人々の口からであった。その「誘いと脅迫」に抵抗しながらも、その献身と「誇り」を目にするにつけ、「正論」に抵抗する己に少なからぬ疎ましさを覚え、彼らの言葉どおり民族や歴史に対する「裏切り」の嫌疑を自らにかけたのだから、わたしには彼らと思考方式を共有する部分があったのではなかろうか。それればかりか、時と場所が変われば、わたし自身も彼らと同様の論理を吹聴し、「同胞」に対して心情の一体化を求めつつ同様の「脅迫」をしていたに違いなく、今なおそうした思考方法なり心情なり挙動なりの「癖」を脱し切れていないのかもしれない。

わたしは彼らに同調しはしなかった、と弁解は可能だろうが、それは現象面にとどまる。先にも述べたように、わたしの思考や心情の原基に、彼らと同じ何かが浸透している可能性が十分にある。そのことを隠蔽して、「無垢」を主張するわけにはいくまい。

その延長で言えば、使命感に駆られて、わたしにそうした「脅迫」をしていた人々でさえも、いろんな弁解がありうるだろう。「若気の至りで……」などではいくらなんでも済みそうにないが、状況の要請云々など、弁解の種には事欠かない。それに何より、何一つ後ろ盾を持たず無権利状況に置かれていた「在日」の権利擁護・獲得の運動を中心的に担ってきたのは、誰よりも彼ら彼女らであり、その先達であり、その後裔であったという事実を全否定するわけにはいかない。

今や明々白々となった「北」の罪科とそれへの「加担」という「恥ずべき」過去に関して最も使われそうな責任回避の口実は、「自らも騙されていた」といったことであろうが、わたしはわたし自身の弁解をそのまま認めることが出来ないのと同様に、その種の弁解を受け入れにくい。

騙されてきたのは、ひょっとして騙されていたいという願望があったからではなかろうか、しかも、騙されてきたと弁解する当人が、他人を騙してきたのではなかろうか、といった問いを自らに向けてみなくてはなるまい。そして、もし責任を本気で云々するのなら、何故に騙されてしまったのか、更には、何故に騙されていたかったのか、そこに探索の碇を下ろさなくてはなるまい。そうでない限り、永遠に同じことが繰り返される。無垢な献身が何者かによって歪曲され利用されてしまったというようなエクスキューズ、「裏切られた青春」という薄汚れた護符、それは個々人にとって一時の安らぎや慰めとなるかもしれないが、その一方で、わたしたちの過去を汚し、現在を空虚にし、未来に傷をつけることになりかねない。

ある観念に生き、それを吹聴することを義務や使命とみなし刻苦精励したこと、それを恥じる必要などない。人間は多かれ少なかれ、そのようにして生きるものなのだろう。そもそもが、「在日」

の生きがたさという条件があった。何かに希望を託し、その光で自らを立て直す必要があった。それにまた、時代の風潮もあった。

　観念の崩壊が取りざたされる現在であっても、新たな観念が人々の思考や感情や行動を支配しているに違いない。だからと言って誰もが何をしでかそうと免罪される、というはずもない。自らが信じて生きた観念なり心情、その結果として予期せぬ大きな不幸が招来されたならば、自分ではない他の誰か、或いは、匿名の何かに責任を擦り付けたりすることなく、自らがその責任を負わねばなるまい。負い方を考えなくてはなるまい。但し、それは何もかもを自らの責任として引っかぶり、懺悔することではない。自らの責任を限定的に捉え、それを引き受けようと努めることによってこそ、その過誤をも含めて自分（達）の人生を取り戻すことができる。

　その為には、歴史的・通時的な因果の検証が必須であることは言うまでもないのだが、それだけではない。人間と観念の共時的でダイナミックな関係が掘り下げられねばなるまい。権力、観念、そして個々人の自己肯定の欲望の絡み合いが解きほぐされなくてはならない。

そのひとつとして、「在日の無垢」というものを考えたい。それを俎上に載せる好機なのである。状況がそれを厳しく要求しているという外的事情に強いられてというばかりではなく、固定観念の呪縛から解放されてよりよく生きるために、自ら進んでこの機会を活用しない手はない。

そもそも、生きている人間が、そして社会が、さらには世界が無垢なんてことはありえない。あまりにも当然のことではあろうが、それがものを考えるときの基本でなくてはなるまい。

例えば、わたしたち「在日」の人権感覚はどうか。わたしたちは他者による人権侵害を告発する思考・行動パターンには馴染んでいる。苦しみ訴えるものとしての位置に追いやられて生きてきたからである。しかし、現在のように、人権侵害者の片割れとして指弾されかねず、自らも共犯者意識の棘を内心に感じざるを得ない状況にある時にこそ、わたしたちが備えている人権感覚の内実が試される。

朝鮮・韓国、そして「在日」に対する日本人からの論難に直面した時、それが一理あると思ったりした場合でも、わたしたちはほとんど咄嗟に、日本の歴史的犯罪などを盾にして一蹴する傾向がありそうなのである。「あなたがた日本人にそんなことを言う資格があるのか」と。

そうした態度は必ずしも自己合理化の欲望だけに発しているとは言えず、歴史的な根を持っており、その根はいまだに差別主義的、抑圧的な木々を育んでいる。しかしながら、そうしたそれ自体としては根拠のある理屈も硬直すると、その理屈を弁じる自分自身を原理的かつ現実的にも無垢と錯覚し、あげくは、それを鎧に仕立てあげかねない。「無垢なわたし（たち）を批判するのは反動であり差別者であり敵である証拠だ」といった論理が心のどこかに隠れ住み、時には、攻撃的に発せられることになる。そうした防御と攻撃の鎧と化した思考・心情に鋭いメスを入れる必要があるだろう。それなくして、わたしたちに成熟が訪れることはありえない。しかも、この鎧が党派性や権力至上主義の覆いとなれば、強固な外観を呈しても、内部は腐食し、人間を滅ぼすことになる。

それにまた、生まれてこの方、政治的に複雑な状況を生きざるを得なかった人間に特有の政治感覚が逆に呪縛になっていたりすることもある。多くの「在日」には多くの日本人が知らないで済ますことのできた政治、とりわけ権力の恐ろしさについての、物心つき始めて以来の経験や信憑がある。世の中、そうはたやすく「正義」が実現されるわけはない。もしそんな簡単なことであったならば、とっくの昔に日本の戦争責任は果たされていただろうし、日本の差別状況の改善も遥かに迅速になされていたであろう。当然、「解放後」半世紀以上に亘って、わたしたちが日本人や日本の社会に対して対抗的な心情や思考を織り上げつつ生きなくても済んだだろうに、と。

そんなわけだから、わたしたちは「祖国」や「在日」にとって分の悪そうな正義云々、人権云々の話にはついつい眉に唾する。先ずは、政治感覚を働かして状況判断を下し、その上で有効な手立てを考えねばならない等と、訳知り顔の能書きを垂れるばかりで、実のところ、思考停止を決め込むことになったりもする。政治的ロマンチストと現実主義者が表裏一体で、攻撃に際しては前者を、防御に入るや後者を前面に押し出すといったわけで、オポチュニストの誹りを受けても仕方がないほどである。

さらにはまた、「北」に対する殆ど絶望的な諦観もある。親類縁者や友人や同胞がかの地で辛酸をなめていることを知って既に幾歳月、絶望や諦念が心中深くに沈殿している。いたずらに騒いでもことが解決されるはずもなく、むしろ、事態を悪化させることになりかねない、といった懸念も働き、ついつい金縛り状態に陥る。いわゆるソフトランディングをこの日本の地で最も望んでいるのは、そしてまた、「北」の地の人々に「同胞意識」を備えているのはわたしたちに他ならないはずなのに、その希求を現実化する道筋が見えず、探そうという努力も結果的に見れば腰砕けとなってしまう。

正義の熱

こうした状況だからこそ、わたしたちは自分の位置を改めて確認したうえで、思考・感情を再構成していかねばならないのだが、このわたしに出来そうなことはと言えば、日常的なレベルで殆ど無意識に考えたり実践したりしてきたことを、じっくりと考えなおしてみることくらいなものである。甚だ抽象的にならざるを得ないが、そのあたりを箇条書き風にでも書きとどめて、今後のわたし（たち）の言動の強張りに対する弛緩剤として役立たせたいと思う。

先ずは、組織や国家を中心にものを考えたり、生を営んでいる限り、権力の横暴を招来するばかりかそれに加担することを避けられない、このことを肝に銘じる必要があるだろう。先に、人間は無垢ではありえないと記したが、それは人間の活動のあらゆる側面に当てはまる。組織も、またその最たるものである国家も無垢ではありえない。したがって、わたしたちは、現実的には組織や国家への帰属を免れないとしても、そこから心身を解き放つ自由を、少なくとも心情と論理の上で確保するべく努めねばなるまい。国家に対する市民、集団に対する個人という常套的な二項対立しか思い浮かばないが、しかし、これは決定的なものだとわたしは考えている。しかも、その国家や社会や市民や個人といった自明に思われかねない「概念」自体を再考しないと、この古典的な対立図式は殆ど意味をなさない。個人や集団(民族であれ、階級であれ)を自明のものとする思考の惰性から脱け出さねばなるまい。手近で言えば、朝鮮人とか日本人といったコトバで何を指し示し、日常的に触れ合っている具体的な存在とそうした集団表象とがどのような関係にあるのかを、改めて考えるべきであろう。さらには、個は単一で固定したものではなく、分裂、葛藤、相克、和解といったことを各人が時々刻々生きているという実態に目を向けねばなるまい。集団の民主主義ばかりか、各人の内部での民主主義、多元性を生かす術を開発する必要がある。そうした視点が深まれば、多元的で多重的な他者としての個人や集団が浮かび上がってくるだろう。触れ合い、信頼しあっているそうした個人は決して「何々人」といったレッテルに還元されない。そうした単純で明快な真理を理解する契機となるはずの具体的な経験をわたしたちは永年にわたって積み重ねてきている。

その経験を活かさない手はない。

帰属を問い、帰属の選択を脅迫的に強いるものはわたしたちの内部と外部の両方に常にあったし、これからもあり続けるだろう。しかしその一方で、わたしたちがこの地に生き、そこで積み上げた経験は、帰属の論理や関係だけではなかった。わたしたちは日本人とその社会を相手に対抗的にのみ生きてきたわけではない。錯綜した関係や数多くの帳に翻弄されながらも、この社会で日常を共に生きることで培われた共同感情をさらに自覚的に育てること、それはいかに見果てぬ夢に思えようと、追求に値する課題にちがいない。

次いで、正義や真理と個人や集団との関係の問題がある。刻苦精励して真理に到達する「幸せな」人(々)がいる。或いはまた、世界に襲いかかられ、生きるために懸命にそれに抗がっているうちに、気がついてみると正義を体現しているといった場合もある。しかし、人が一度正義を具現したということは、その人がその後も引き続き正義を体現し続ける保障にはならないし、ましてやその人の存在自体が正義だという護符にはならない。それどころか、正義は人間が担い続けるには熱すぎて、自分の存在自体を先験的に正義だと錯覚させ、正常な感覚を燃え尽きさせたりもする。

誰しもが正義や真理を好むわけではない。それればかりか、正義や真理を好む人たちでさえ、日常的には正義や真理よりも個人の安寧を優先しがちである。さらにはまた、様々な正義や真理があるのかもしれない。したがって、正義や真理の一部や断片に関する了解、合意を取り付けるだけでも並大抵ではない努力が必要である。しかも、そうした合意が成立しない間柄であっても、人は相互にそれなりの尊敬を払い、共に生きていかねばならない。「よく生きること」は何らかの形で正義や真理とつながっているであろうとわたし自身は思っているし、またそう願っているが、日常的にはそのつながりが見えないことも多い。正義や真理などに頓着せずに、己の安寧だけを願って生きているように見えても、そのささやかな日常を誠実に生きているうちに正義や真理に近接しているといった人々がいるかもしれない。他者のそうした様々な道筋を信じること、つまりは他者の自由や可能性を認めること、これが人と「ともに」生きるための黙契である。

ところが、「正義の人」、「真理の人」には、凡人の生は欺瞞的なものに映りがちである。とりわけ、「わたしの正義」を認めない他者のそうした「凡庸かつ狡猾な」生に耐えられず、ついには唾棄するに至る。そこで、ともに「我々の真理・正義」を信奉する仲間で党派を形成し、手っ取り早い方法というわけで、権力的手法で自らの正義を他者に強いる。正義や人権は「我々」にこそあり、他者は説伏されて従順な子羊になるか、打倒されるべき敵というわけである。

それればかりか、「正義の人」とて、現実世界を生きねばならず、金銭や地位といった欲得と全く無関係というわけにはいかない。そこで、時には自らの欲得の為に、持ち札である「正義」を盾にし、ついにはそれが習性となったりもする。

こうして、「正義」は人を党派的感情に閉じこもらせ、退廃や権力至上主義の温床となることさえある。だからこそ、正義や真理を個人や組織や国家といった個体に貼り付けてはならない。他者にとってばかりか、その個体にとっても不幸である。

それ自体は「正義」であるはずの差別撤廃運動や人権運動や対抗的民族運動を担っているうちに、そうした隘路に嵌まりこむことも稀ではなさそうなのである。他者に向けた刃を自分に向けることができなくなる。正義の体現者を自称する人間がその一方でひどい人権侵害を平然と行うといった戯画の実例に事欠かないのは、いつの時代であれ、何処の世界であれ、変わりがない。わたしたち「在日」もまたその種の弊を免れているはずがないのである。

「在日」内部の相克

次いでは、「在日」対日本人（日本社会）といった二項対立の図式が隠蔽《いんぺい》しがちな領域、つまり、「在日」内部の対立、「同胞内」の軋轢の問題を取り上げねばならない。但しそれは、古典的な左右対立などといったものではない。「選ばれた人」と「選ばれない人」、「声を発する人」と「声を発さない人々」との齟齬《そご》、軋轢《あつれき》、乖離《かいり》であり、さらには、同一人物における分裂の問題でもある。

苦労したことのある人にしか苦労している人の気持ちは分からない、という言い方がある。同じ伝で、人は差別された経験があってはじめて、差別される人の気持ちが分かると言われたりもする。この種のフレーズはなるほど多くの正しさを備えているのだろう。しかし生憎なことに、気持ちが分かるということは、差別をしないということを必ずしも意味しない。自らの被差別経験の代償作用なのか、自らが受けた差別の毒を他者に向けることによって、帳尻合わせに励むといったことも往々にしてある。

但し、これは差別・被差別の応酬といったものではない。差別・被差別は歴然とした権力関係に基づいており、差別の標的になるのは、それに抵抗できる存在ではなく、それを耐え忍ぶことを余儀なくされる人たちである。つまり、両者の関係における弱者のことである。

因みに、差別とは何か。それは、人間や社会が本来的に備えている悪意と攻撃性の発露であり、それを支えているのは法であり、制度であり、集団的メンタリティなのであり、それが個人や集団の形で露呈する。その社会の「普通」の人々の「弱さ」と裏腹の悪意と攻撃性とが、弱いものに向けられる。そして弱いものは、そうした「普通」の人々の挙動に傷つくのだが、それを個人の業と見ることは少ない。同様のことが様々な個人や集団によって繰り返され、その結果、毒をその社会全体のものとイメージし、対抗的な「意識」を形成する。その意味では、被差別者は概ね事態を正しく把握している。

それに対して、差別する側にあっては、たとえ差別的な事例に顰蹙を覚える程度には良識を備えていても、それを一部の心無い人々の失態とみなしがちである。しかもその一方では、その種の事はどんな社会でも起こりうることであるといったように、それ自体としては誤りとは言いにくい一般化を盾にして、事態の責任を曖昧にしたりもする。そのあげくには、差別事件を問題化する「叫び」を社会の平穏・安寧を乱す「雑音」視したりもする。こうして、差別事象の根を己の内部に見出して反省したり、社会全体の問題としてその解決の為に努力したりといったことが等閑視される。

ところがそのような個人や集団の攻撃性を根拠づけるものが、その社会の制度や集団的メンタリティとして確立しているからこそ、差別は生じる。従って、差別被害を訴える人に対して、それは単に個人的な失敗だとか例外的なことであると説き明かし、その延長上で、理解して許すべしといった説諭は、表面的には例外的に見えても実はその社会を支えている「了解」を捨象して「正しい」ことを言っているに過ぎず、差別された人間の心を癒し、人をして問題解決に導くことはありえない。

これを例えば、電車内（或いは密室的状況）での痴漢行為に置き換えて見れば、事態が少しは理解しやすいのではなかろうか。電車内で痴漢の被害にあい、しかも周りがそれを黙認したといった経験を持った女性が、「男はみんな痴漢だ！」と叫んだとする。その場に居合わせず、しかし、人づてに、その叫びの様を耳にした男たちは、苦笑いを浮かべながら、「そんな馬鹿な、狂っている、とかく女は……」などと嘯いたりするだろうが、日ごろは抑圧している破廉恥性を「密室内」でも発揮しないと言い張ることのできる男は希だろう。そうした劣情を公共の場では断じて許さないといった公準が明確に成立していない社会では、たとえ雑踏の中でも、いわば衆人の面前で密室的状況が成立することもありうる。というわけで、先の女性の叫びを一笑に付すことなどできはしないのである。

差別関係の転移

ところで、差別経験はしばしば、差別者と被差別者両者の思考・感情に固着する。日本人と「在日」との関係に限れば、日本人によって差別されてきた「在日」は、日本人に対しては徹頭徹尾、被差別者である。差別的関係は、その前提となっている権力関係が全般的に転倒されない限り、その構図に変化は生じない。復讐的暴力といった稀なケースはあっても、それを差別と呼ぶことはできない。「在日」が日本人あるいは日本の社会を差別するということは原理的にありえないのである。

さて、被差別者、差別者の両者はもちろん対立的ではあるが、共有している部分がある。それは「差別・被差別の関係」の記憶である。そして、その記憶が社会の権力関係ともあいまって、しばしば反復を惹き起こす。

差別者は社会によってそれが許容、さらには推奨されていることを確認するや、様々な局面でそれを反復する。多数者少数者の圧倒的な力関係が前提であるから、彼らはそのことに必ずしも意識的でなくても、或いは、たとえ善意からであっても、結果として差別者になったりもする。他方、被差別者もまた、受けた傷を忘れないばかりか、状況が許しさえすれば、反復する。但し、単純な反復ではない。今度は差別者となって、攻撃的に模倣するのである。人間は本来的にそうした攻撃性を備えているようで、よほどにそうした「傾向性」を自覚し、その露呈に対して警戒を怠らないと、その「傾向性」が被差別経験によって強化・増幅され、ついには習性と化したりもする。

といったように、被差別者はその自らに固着した毒を他者に向けて放出することによって心理的な帳尻を合わせる。しかし、既に述べたように、権力関係における弱者は、差別の毒を本来の対象に向けて晴らす術などないのだから、その対象を別の時空に転移せざるをえない。日本人（社会）による被差別経験を、例えば、「在日」内部での差別※関係で相殺するといったように。

〈これを差別という言葉で語れるのかどうかは大いに問題の残るところなのだが、今のところ、他に適当な語を考え付かず、あくまで便宜的に用いていることをご理解願いたい。〉

分かりやすそうな例で言えば、すでに触れた「在日」における家の問題、より具体的に言えば、夫の妻に対する家庭内暴力、長幼の秩序に名を借りた子弟への暴力的懲罰、専制などの古典的なケースがそれにあたる。一世的な基層文化が孕んでいた「封建」的心性なり道徳が、固着した心理的外傷の排出の盾として利用されもしていた。

といったように、日本人ばかりか「在日」にとっても、「在日」は差別の対象でありうるわけである。先にも述べたように、「在日」の「在日」に対する差別は固着した心理的な外傷の排出であり、当人にとっては治癒法になりそうにも思えるが、実際のところは、外では被差別者、内では差別者という分裂を生き続けるばかりか、安らぎの砦であるはずの私的空間、つまり家内部に殺伐とした差別関係、対抗関係を導入することになり、彼に最後に残された平穏の可能性まで失われるといったことになりかねない。他方、外でも内でも、専ら攻撃に曝されるばかりの存在（主に「女子供」ということになっている）はひたすら耐え忍ぶことを余儀なくされ、心身が崩壊に瀕するという例もある。

もっとも、同胞が身を寄せ合って生きることを余儀なくされていた時代や関係においては、伝統的な意識構造の共通性が保持され、そうした「女子供」の苦しみも、あたかも「自然」なこと、或いは義務、はたまた、生きがいといったように価値化されたうえで共有されることによって、ダメージが軽減されるということもありえただろう。「誰だってこうなのだから、仕方ない」、或いは、「これに耐えるのが女の値打ち、ここでわたしの真価を見せてやる」といったように。がともかく、差別関係は次々に微分され、再生産されていたことになる。

「在日」による「在日」の疎外

そうした「在日」内部における差別関係は、決して「家」に限られていたわけではない。「家」の範囲は野放図に広がり、「在日のムラ」という公共空間もまた「身内」とされ、「在日」全体で差別被差別の関係が再生産される。

おそらくは大多数の日本人には想像もできないだろうが、「やはりザイニチは駄目だ」、といったフレーズは「在日」社会の至るところで耳や目に入る。「(日本の) 社会」に魅惑されると同時に拒絶されるといった一種のダブルバインド状況を生きてきた「在日」は、なるほど日本社会に対する批判や怨恨を抱え持つことが多いのだが、それに加えて、同胞であるはずの「在日」に対する批判、更には、蔑視や怨恨までも育んでいたりする。被差別者でありながら、差別者の眼差し、その価値観を内面化しがちということもあるし、そのほかにも理由があるがそれについては後述するので、ここでは立ち入らない。

さて、自分自身を批判したり嘲笑ったりするのは、一般的に言えば、心理的硬直の弛緩剤として有効な場合も多く、その限りで言えば、問題とするに足りず、むしろ推奨に値する。しかし、実際にそうした自己批判を真っ向から引き受けることはたやすくない。自己批判のはずが、たちどころに矛先が反転して自己救済が図られ、あげくは自画自賛といったことになることさえある。

例えば、「在日」である自分が駄目な原因は、「在日」を駄目にした日本の社会にある、といった具合に。もっとも、この程度であれば、責任回避の色合いもあれば、「耳にタコ」と笑われそうではあるが、やはり一定の真理を内包しており、いまだ健康と言うべきだろう。問題はその先にある。

本来的に責任を負うべき日本の社会はその責任を引き受けてこなかったし、今後もその可能性が薄い。そのうえ、「在日」と比べればあまりにも巨大で太刀打ちできるはずもないのだから、もっと身近で責任を転嫁できそうな対象が探し求められる。例えば、わたしはなるほど「在日」ではあるが、駄目な「在日」とは別種の選ばれた「在日」であり、同類扱いをされては迷惑だ、と。これは、先に述べた、外での屈辱を自らが主人として君臨する家内部で晴らすのとよく似た心理的な詐術であり、公的な空間である「在日のムラ」を私的空間と無意識裡もしくは故意に混同することによって、帳尻を合わせているわけである。

こうした歪な転倒を誰もが弄するというわけではない。人間は歳を取るにつれて様々な経験を重ね、人間誰だってチョボチョボといった感じ方をベースに、怒ったり喜んだり、泣いたり笑ったりしながら、生きるようになる。関係の成熟は手前勝手な理屈を跳ね飛ばす。助け合ったり、迷惑をかけあったりしながら、ギブアンドテイクこそ世の習いと納得し、共生を図る。しかも、そうしたウェットそうでいてその実ドライな関係のなかでこそ緩やかな共同感情が成立し、精神的な安定を得たりもする。しかもそうした智恵は、国籍その他の帰属を超えた関係の蓄積の結果でもある。こうして、自己肯定と他者肯定、自己否定と他者否定のバランスが取れる。それが庶民の生の営みというものなのであろう。

ところが、そうした「知恵」の獲得に至らない人たちがいる。自己嫌悪、自己憐憫、それと対をなす自己肥大の妄想にとりつかれ、その肥大化した自己像を他人に押し付ける。そうした転倒が透けて見えるような場合がある。「選ばれた在日」の「選ばれていない在日」に対する挙動に、である。

さて、「選ばれた在日」とは、「在日」の代表と看做されたり、自ら進んでそのように任じる人たちのことなのだが、その人たちも二種類に大別できる。先ずは、「在日」の枠内におけるそれ、つまり、「在日」社会、あるいは「在日」組織において功なり名を遂げた人たちである。例えば、「在日」社会や組織の代表者、「在日」社会や組織への多大な経済的功労、或いは政治的功労を云々される人たちである。

どんな社会であれそうであるように、そうした「在日」社会にもまた厳しい階層秩序があるのだが、そこではわたしが問題にする「妄想」の類は殆ど関与しない。ピラミッド型の強固な中央集権組織の階梯を這い上がろうとするなら、相当に生臭い駆け引きや運動や策動が必要だろう。思想や献身など「美しい歌い文句」の裏側で、数々の個人やグループが、お互いに敵味方を再生産しながらしのぎを削っている。長年その枠内で生きてきた「在日」社会の一般の人々がそうした事情に疎いはずもない。そこでは現実的な利害が大きな意味を持ち、誰もがそれを知っているから、一種のギブアンドテイクが成立している。例え経済的成功者であっても、「在日」の組織や社会にお金を出さない者が大きな顔ができるはずもなく、権力を用いて人々に便宜を与えたり抑え付けたり、つまりは、飴と鞭をちらつかせない組織の指導者や幹部が、表向きの尊敬さえも受けるわけがない。但し、どこにでも誠心誠意の塊と言った人がいて、そういう人たちこそが底辺でその社会を支えているといったことは「在日社会」であれ、どこであれ変わりがあるはずもないのだが。

ともかくそんなわけで、以上の場合にはわたしが問題にする自己肥大の妄想というものは殆ど居場所を持たないのである。

ところがそれとは別に、「在日」といった小社会ではなく、日本という大社会に打って出て、様々なジャンルで成功を収めたり、識者として認められた人々がいる。その種の人々と「在日」一般との間には、「日本の社会の評価」というフィルターが挟まり、しばしば幻想が忍び込み、危うい関係が成立することがある。

マイノリティは、マジョリティに対して対抗的ではあっても、あるいは過度に対抗的だからこそ、無関心を装いながらも、その実、マジョリティの評価に過敏で、その評価に一喜一憂するといった側面を免れがたく、その結果、マジョリティの評価というフィルターは恐るべき効果を発する場合がある。しばしば「誇り高い朝鮮人」などと皮肉まじりの賞賛を与えられたりして、頑なにわが道を行く近所迷惑な人種と思われがちな「在日」も、実は日本人の評価に過大な意味を付与しているばかりか、それを自らの存在証明に仕立て上げたりということもありそうなのである。そしてそれは決して一部の個人の病とは思えないからこそ、そこに足を突っ込もうとしているのだが、そのすべてを論じるわけにはいかず、わたしなどから見て、その種の幻想の「病」が最も見えやすい人たちのことを取り上げたい。いわゆる「在日」の識者たち、日本のメディアを通して「在日的問題」を発信する人たちのことである。

「在日のムラ」を出て日本の世界、つまりムラに対する「トカイ」で認められた人たちは、「ムラ」に対して高処にたち、「ムラ」を見下げる傾向がある。「ムラビト」を因習の塊と看做し、自分はそれを脱した存在と自認するわけであるが、そのあげくには、「ムラビト」に尊敬を強要し、「ふさわしい」処遇を要求したりもする。

ところが、「ムラ」は旧態依然のように見えても実は「トカイ」の影響を構造的に被り、絶えず変化している。とりわけ「在日のムラ」は実際には「トカイ」の中にあることが多く、「ムラ」に生きる人々は毎日「ムラ」と「トカイ」を往復、或いは同時に生きており、「ムラ」的な心性と「トカイ」的な心性との混合、もしくは葛藤と融和の中で生きている。古典的な「在日のムラ」の「ムラビト」など稀な例外を除いていているはずもないのである。

その反対に、そうした「ムラ」から抜け出て、「ムラ」の現実を生きていないエリートのほうがむしろ、「ムラ」の封建制を批判する言葉とは裏腹に、時代物の心性をそっくりそのまま温存していたりもする。彼らにとって「ムラ」は、あるときには郷愁の源泉であり、あるときには優越意識を確認させてくれる有難いものなのである。だからこそ、彼らはその二重性を保存し、利用する。つまり、「内輪」の「ムラ」では、彼らエリートの心理的外傷の果実である怨恨や成り上がり根性を垂れ流すのである。

自らが「在日」であることによって培われてきた怨恨がまずあるのだろう。コンプレックスから解放されて「民族的主体性」を確立云々などと自己変革を誇ろうと、その裏で、心理的外傷はしぶとく生き延びている。

それにまた、いくら日本に批判的であろうとしても、またそうした言辞を弄したとしても、彼らは原理的にそうではありえない。彼らの権威の源は「在日」にではなく「日本」にあるのであり、そのことを彼らは少なくとも無意識に察知している。というわけで、彼らは二重に「日本」に拘束されている。

そこで彼らは、その日本という権威を携えて、「ムラ」に取り残された「在日」に向かって、尊敬を、さらには奉仕を求める。その彼らの期待に添えない、或いは添おうとしない「在日」は彼らの怨恨の対象、攻撃の対象になる。彼らが日本に対して向けることができなかった攻撃性を弱い「在日」に向けて貸借勘定をあわせる、というわけである。

誰にだって二面性があり、裏表があるわけで、それをいちいち論難する資格がわたしにあろうはずもない。わたしが問題にしているのは、それが個人の問題ではなく、「在日」が引きずったり、育んできたりしている、ある種の集団的メンタリティに関係した個人の二重性、二面性なのである。

さらにはまた、「在日」エリート個々人の二重性もしくは自己欺瞞が、世に流通している「在日」論にも大きな影を投げかけているのではという懸念がわたしにこうした論難を書かせている。

人間は「身内」に対する時には、馬脚を露にするものである。現に、わたし達「同胞」の「同胞」に対する差別的な事例は多々ある。手近な例で言えば、韓国では中国延辺から出稼ぎに来た中国・朝鮮族に対する軽侮や過酷な扱いという問題が数多くあるそうだし、日本でも「在日」が韓国からの密航者やニューカマーを搾取し、ひどく扱うという話もある。そうした問題とわたしの「選ばれた在日」に対する論難とは全く無関係とは言えない。

といったように、虐げられてきたはずの「在日」もまたそうした人間一般の弱点を免れないといったあまりにもありきたりのことを言っているにすぎない。そうしたありきたりの人間たちが、解放だとか、社会の改良を目指すときには、自己の弱点を棚に挙げて、他者の弱点、あるいはまた、匿名だからこそ気安いというわけで、社会なるものの弱点を指弾して正義を気取る傾きを持つこと、それに自覚的でありたいというのがわたしの本旨なのである。

くどいようだが、そうした人間一般の弱点が、同胞だとか、民族といった言葉で粉飾されることによって、その美しい言葉が汚されるばかりか、かえって人々をニヒリズムに追いやること、そのことを確認して警戒を怠らないでいたい。それは決して個人の持つ弱さの発現だけではなくて、「同胞」や「仲間」や「身内」という言葉や関係が備える危うい二面性、言い換えれば、集団主義が不可避的に孕んでしまう「病」によって支えられている。そうしたことを肝に銘じて、そうした隘路をいかに避けるかを考えておきたいのである。よき社会、よき生活を望む限り、わたしたちはその「よきもの」への憧憬の裏側に張り付いた危険性を自覚しておかねばなるまいと言うのである。誰だってよき社会を望むものだが、とりわけマイノリティは生きるためにそうしたよき社会への憧憬に心を奪われやすく、だからこそ、くれぐれも用心、用心と、自らに言い聞かせているのである。

物言わぬ「在日」の多声化

さて、そうした「在日エリート」に接近し、共同戦線を張る日本人がいる。「在日」の理解者、同伴者というわけなのだが、いざ近づいて見ると、彼らに「在日」的識者の自己肥大、自己分裂といったものが見えないはずもない。その結果、辟易して次第に距離を置く人々もいるだろう。あげくは、「在日」総体に対する疑念、さらには厳しい批判を抱懐して敵対するに至る例も多々ある。その一方では、歴史的な事情なども勘案してその程度の瑕疵は致し方ないものと寛大さを発揮して、疑念を抑え込んだり、或いはその反対に、それあるからこそ、かえって組みし易さを覚えたりする人もいるかもしれない。「受難の民族のエリートでもこの程度なのだ。教えられる振りをしながら、教えてあげられる部分も多々ありそうだ」といったように。さらにはまた、そうした否定的側面が全く目に入らないほどに無邪気に、つまりは、もっぱら贖罪意識や善意や自己肯定の欲望から、「在日」の理解者かつ善意の人、正義の人として自らを位置づけ、この社会が抱える「在日」的問題の解決に勤しむ人々もいる。

ところが、同胞たる日本人に対して、共同戦線への誘いを展開する彼ら「良心的日本人」の「在日理解」は「在日への媚び」を、同胞に対する「教え諭し」は脅迫を、そしてその姿勢総体は「日本人への裏切り」を、他ならぬ彼らの同胞たる日本人から云々されることがある。「在日」と「良心的日本人」の共同戦線を一種の「密通」と見る日本人が多々いるようで、その「汚らわしい所業」に対する反動として、先に記したような良心と善意に発しながらついには「在日」エリート的自己欺瞞、自己分裂に対する嫌悪感を募らせた人々と、端から民族的差別主義を生業とするような人々とが野合して、「良心的在日シンパの日本人」と「在日のイデオロギー」を指弾することを使命とする党派が生まれ、反「在日」的議論が再生産される。わたしの見るところでは、関川はその一翼を担っている。

このようにして、「選ばれない在日」は、「選ばれた在日」と日本の反「在日」的な声といった、互いに敵対しながらも、「選ばれない在日」を侮蔑し批判することにおいては変わることのない両陣営に挟撃されることになる。「選ばれない在日」は、その頭上高くで、他ならぬ自らの運命に関する議論が展開されるのを口をあけて見物していると、そのポカンと開いた口に苦い唾が落ちてくるといった絵面を思い浮かべることができそうなのだが、幸いなことに、彼ら「物言わぬ在日」とて、それほどお人好しというわけもなく、「良心的日本人」と皮肉に酷評される人々もそれほど単純素朴であるわけもない。それぞれが自らの良心と現実感覚と責任感に基づいて、民族的障壁を越えての相互理解に努めているに違いない。

その結果、滑るように言葉を繰り出す弁舌巧みな人々に嘲笑されながらも、「物言わぬ在日」も次第に生活に根ざした「どもり声」をあちこちで上げるようになり、それに押されるようにして、「在日」識者の声も著しく多様性を増してきた。

しかも、その多様化した声の各々には、日本の様々な思潮の対立の影がさして、時には、その代理戦争を演じているかのようにも思えることもある。もっとも、それは「在日」の「日本に在るという」という現実がかつて以上に人々の意識や関係に浸透しつつあるという事実、言い換えれば、かつての民族組織の決定（或いは地縁血縁による集団的結びつき）に縛られた態度決定といった呪縛が崩れ、「在日」が拡散しつつある（或いは「解放」されつつある）という事実を反映しているのだろう。「ムラ」的状況（血縁、地縁、伝統的集団主義）から、「トカイ」の大衆社会的状況（マスメディアを通しての情報の交信）への「在日」総体の変化を映し出している。

そうした「在日」の拡散現象の一様態として、民族的書割を超えた潮流が今や前面に躍り出ている。様々なジャンルで「在日性」を超えた個人として声を発する人たちのことである。この人たちは、古臭い「在日」的問題設定を超えることを当為として声を発信しているかのようである。「いまや民族を云々する時代ではない」というわけである。

彼らは「在日」でありながら、その不利な条件を「個人の能力」で乗り越えたと自任する人々である。当然、「在日」的困難を「エクスキューズ」にすることなく、「在日」性は超えられるというメッセージを発信する。わたしのような世代からすれば、その意気軒昂な姿には賛嘆の反面、「在日」の歴史に対する軽侮の懸念を禁じえないところもあるのだが、そうした老婆心を括弧に入れれば、彼らが発信している「在日的問題」の超越というメッセージは極めて健康なものと言わねばなるまい。一見して、「在日」の問題にこだわるわたしのような立場と対立的に思われかねないが、その差異はあくまで表面的なものに留まりそうなのである。「在日的問題」の超越とは、「在日」的問題が本来的に内包していた普遍性の発見、或いは再発見というべき側面を持っている。若い世代の発するメッセージは、「在日」的問題に対する視座の更新であり、おそらくはわたしたちの世代の「在日」もまた共有が可能な視座なのである。

それはつまり、「在日的問題」を数ある問題の一つとして捉えるということなのである。

翻って考えてみれば、「在日」的問題が声高く云々されていた時代でも、それがすべてであると考えられていたわけではなかった。当事者からすれば、それを解決することなくしては生き難いから、それが最優先課題となり、ついつい最上級的言語が用いられる傾向があった。しかし、それが目指したのは、その問題を糸口にして、それと関連したり、その根本にある問題の解決へという道筋であったはずである。ところが、言葉というものは人々の意識を言葉に合わせるような力を持つもので、あくまで便宜上のものであった最上級言語を実態と信じこむように人を誘う。そのあげくには「在日」的問題しか目に入らなくなったり、そうした雰囲気に長年どっぷりと浸かって生きてきて、それ以外の言葉や表現方法を持たず、さらにはそれ以外の世界を知らないし関心を持たないといった人も多くいたかもしれない。

そうした人々は、先の「数ある問題の一つ」としての「在日」的問題という設定には、感情的な反発を示すかもしれないが、その反発は一時的で表層のものにとどまるであろう。冷静に考えてみて、「在日」的問題がそれ単独で解決のつく問題ではないということは、わざわざ歴史を遡るといった手間をかけずとも納得の出来ることなのである。「在日」的問題とは、日朝の歴史ばかりか、日本の法制度や歴史的に醸成され人々の意識の奥に定着したメンタリティ、さらにはあらゆるマジョリティ集団とマイノリティ集団の軋轢などと相関しており、それ自体で独立した特殊なものではありえない。従って先にも述べたように、「在日」的問題を「数ある問題の一つ」と捉える立場に反論するのは難しく、感情や思考の惰性という澱《おり》を取り除きさえすれば、多くの人々が意見の一致を見る可能性が十分にある。その意味では、過剰な感情的負荷が時代と共に脱色され、問題があるべき位置に改めて置きなおされるようになったわけで、喜ぶべき変化と言わねばなるまい。

しかし、問題はその先にある。数ある一つであろうとなかろうと、人々を苦しめる社会的問題があるなら、その解決へ向けて共同して努力をするのかしないのか、という点、これが大きな岐路なのである。「数ある一つ」というのは、「最上級的問題設定」に対する解毒剤になりうるが、しかし、それが度を越すと、あらゆる社会問題の軽視、無視、あげくは必要な努力のサボタージュという結果を招来しかねない。

人間は誰だって問題を抱えており、それと同じく、社会もいつだって問題を抱えている。従って、問題をいちいち云々して能書きを垂れるよりも、人一倍働いて、個々人が切り抜ける努力をするほうがよほどに健康的であるといった現実主義、それはわたしたちが日常の危機に対処する際に、大きな支えになる。古来、人間はそのようにして危機を凌いで生きてきており、それは日常を生きる人間にとっての大きな知恵と言うべきであろう。しかし、この知恵も固定化した「道徳」になると、危険なものになる。個人的な問題と社会的な問題の混同によって、あらゆる社会問題の無視もしくは軽視を招来し、個人的には安穏を確保したつもりでも、究極的にはそうした人々をも含めて苦境に導きかねない。その「道徳」は現実の一側面を強引に捨象した現実主義であり、往々にして現実追認になり、あげくはいわゆる「勝ち組」の傲慢で抑圧的なイデオロギーの片棒を担ぐ羽目に陥る。

なるほど個々人の問題は個々人が解決するしかないのだろうが、それが社会的問題であれば、社会的に解決するために共同して努めなくてはなるまい。それなくしては誰にも平穏が訪れはしない。

この点で意見の一致をみさえすれば、後は、各人各様の道を辿るしかないだろう。同じ種類の社会問題ではあるといっても、人それぞれに苦しむ側面は微妙に異なるだろうし、苦しみ方にもやはり多様性があるだろう。当然、人によって解決すべき問題の優先順位も異なれば、手法も異なるだろう。時には分岐したり、相対立したりもするだろうし、また時には、交差したり、さらには、合流したりすることもあるだろう。

社会的な問題があれば、なんとかしてそれを解決への道筋に乗せねばならず、そのための努力を各人の現場で続けること。さらには他人のそうした試みへの信頼を失わないこと。他者を否定して初めて自己肯定が可能なのではなくて、他者肯定と自己肯定が同時に立ち上がるような思考や感情を育てること、こうしたことを共通の課題として担うつもりさえあれば、「在日」であれ誰であれ、共に歩んでいける。かつての「ムラ」的心性に由来する自己肥大、そして権威主義といったものが付け入る隙間は小さくなるであろう。

「在日」の多声化がそうしたものになることを期待しつつ、その行く末を見守りつつ生きたいし、わたしもその一翼を担っていきたい。その一環として、この章で確認した内部への眼、さらには「在日」の多声化を積極的に活かしつつ、わたしにとっての長年の問題に向き合うことにしたい。「帰化」の問題である。

第八章

帰化

帰化の話

久しぶりに訪れた韓国の空港でのこと。中年から老年まで、わたしなどからすれば、直ちに在日朝鮮人と識別できる団体と出会った。ワイワイガヤガヤ、実ににぎやか。傍若無人とまではいかないが、少しは周囲の目も気にしてもらいたいなどと、「身内」の恥という気持ちが頭をもたげて、ついついその挙動に目が釘づけになる。

さて、入国審査にさしかかる。とその時、「高山のおっちゃん、こっちは違うがな、おっちゃんはあっちに行かな」と、比較的ものが分かっていそうな中年紳士が初老の人物に声をかけた。そのおっちゃん、きょろきょろ不安そうな顔つきなのだが、ともかく言われた通りに足を別の列に向ける。内国人、外国人とゲートが分けられており、その外国人向けのゲートの列の最後尾に「おっちゃん」は頼りなさ気に並ぶ。不安と手持ち無沙汰が相まってのことだろう、手に持ったパスポートをひらひら。そのパスポートは、声をかけた人物やわたしのそれとは色が違う。わたしはその人相風体、それに加えて「高山のおっちゃん」という名前から「帰化」した元朝鮮人だと見当をつけ、時代は変わったものだと今更ながらに思う。朝鮮人と日本人になった元朝鮮人が仲良く「祖国」への観光旅行に同道する時代になったのである。

ことのついでに言えば、「本国」の人にとっては、「在日」が帰化していようといまいと、「日本（に住む）人」、つまりは「日本人」なのであって、何ら変わりがあるわけもない。そうした国民一般の感じ方の反映なのか、税制なども在外国民は外国人と同様の扱いとなっている。だから、先のエピソードにおいて、声をかけた紳士やわたしなども、外国人用のゲートに並んでもなんら差し支えないのであって、その紳士、ものが分かっているつもりでも、実はその「おっちゃん」と何ら変わりがなく、「在日」特有の「思い込み」によって余計な気遣いをしているにすぎない。

そんな「思い込み」の最たるものが国籍のようである。日本で生まれ育ちながら「本国籍」にこだわっている在日朝鮮人という存在は端から見ると奇妙に映るらしい。「祖国」に帰るつもりがないのにどうして国籍を変更しないのか、といった言葉があちこちで囁かれる。時には日本人からの善意めいた諭しとして。「郷にいれば郷に従え、という諺もあるではないか」といったわけである。

しかも、その種の「正論」を口にするのは日本人に限られない。他ならぬ「同胞」のはずの韓国からのニューカマーの中にも、文化的にはすっかり日本的で、なにより「ウリマル（我々の言葉）」もまともに話せない人達がどうして頑なに国籍だけを保持しようとするのか、しかも自らの意思でそうしておきながら、国籍故の差別に不満を漏らしているなんて摩訶不思議と呆れ返ったりする人がいる。それどころか、近頃では当の在日朝鮮人の口からもよく似た台詞が、それも、今や帰化しないのは「時代遅ればかりか、責任逃れだ、卑怯だ」といった口吻で飛び出てきたりするようになっている。そうした国境を越えた「連帯」の輪の一つが関川的な「世界的常識を見据えた帰化の訓令」のようなのである。

ところが、わたしは歳だけは十分に取っていても、経験が浅くて狭く、その結果として了見も狭いせいなのか、関川的国際常識の基になっていそうな様々な外国人、とりわけ欧米人は、関川の理屈とは正反対の柔軟な反応をするといった感触を持っている。「在日」はなるほど不思議な存在で驚くけれど、それはそれで歴史的な事情があるのだろう、そもそも日本に関することで不思議でない事は一つとしてないのだから、といった按配なのである。

「在日」に関わってのそうした言葉に何を読み取るか、何を聞き取るかは、ついつい思ってしまうほどに容易なことではない。関川が専ら「在日」の摩訶不思議を論難する材料に使っているからというわけで、それに対抗してわたしの方は日本の摩訶不思議を論難する、ということになれば釣り合いはとれそうだけど、そんな堂々巡りをするつもりなどさらさらない。上のような非当事者のフレーズには、距離の問題、とりわけ心理的距離が大きく作用しているに違いない。「どうであれ、自分には大して関わりがない」といったところなのだろう。その上、世界の西の端からはるばる極東の日本にまでやって来た欧米人には、少なくともこの日本に閉じこもって生きてきたわたしたちよりも遥かに柔軟な感受性や思考が備わっていそうで、「世界にはいろんな不思議なことがあって、それはそれで致し方ないのでは、ともかく一緒に生きようよ」といったところではなかろうか。

さらには、同じ人物が同じ話をしたとしても、聞き手次第で、全く異なる意味に受け取られたりもする。人は自分が聞きたいように聞きがちなものだし、それに話し手もまた、聞き手の心中を察して阿《おもね》るというようなこともあるだろう。

このあたりについては既に長々とつぶやきを垂れ流してきたのでこれ以上繰り返したくはないのだが、誰にだって固有の歴史があり、傍目には見えにくい個々人の内面の歴史こそが当人の動向を決めるもので、「自分のことはゆっくり考えて煮詰まった段階になれば自分で決めるから、傍から無責任かつ性急にとやかく言わないで欲しい」というのが当事者の気持ちではなかろうか。

というわけで、当事者の心の内に拘ってみたい。長年の澱が沈殿し、心理的な負荷が過剰に充填されて錯綜したこの種の問題に風穴をあけて、風通しのよい議論の可能性を探りたいのである。

帰化の歴史

現今の帰化者激増の流れを目の辺りにすると、帰化に関する議論など既に勝敗が決しているかのようなのだが、ことわたしにとっては、今後とも重要な問題であり続けそうである。大波に既に乗ったり、これから乗っていくかもしれない人々、そこには後続世代（わたしの娘たちなども含まれるかもしれない）もいれば、共に青春を過ごした同年輩それも親しい友人だった人達もいるのだが、そうした人々と今後どのような関係を結ぶことができるのか。そうした潮流に取り残されたわたし(たち)、或いはそうした潮流に対して抵抗する人々、さらには、すっかり忘れ去られそうな先行世代の人たち（その多くは亡くなっているのだが）との関係をどのように再構成するのか、などなど。甚だ個人的かつ心情過多の懸念もなくはないが、これはわたし一個に限られる問題ではない、と少なくともわたしは思っている。口に出そうが出すまいが、或いはまた、無意識であれ意識的であれ、「在日」の多くにとってもいまだ未解決なものとしてある、と。さらにはまた「在日」ばかりか、日本人総体にとっても、他人事としてなおざりに済ませる問題ではないはずである、と。

「国際化」や「共生」は日本のみならず世界総体の必然に発しているのに、伝統的な思考感情のせいで、そうした変化を十全に受け止めることができず、ついつい閉鎖的で防衛的かつ攻撃的になりかねないこの社会。そこに住む人たちにとって、異文化や異民族や異国籍の人々となんとか折り合いをつけて共に暮らす為の試金石としてという意味でも、さらに一歩進んで、国家と社会と個人との関係を考える糸口になる可能性を内包しているという意味でも、じっくり考えたうえで、現実的な対応、但し、それはしばしば吹聴される「現実的」という意味ではなくて、人々の心の柔らかな部分にフィットし、将来に希望をもたらすような対応という意味なのだが、それをするべく努めてみるべきではなかろうか。

さて、「在日」と「祖国」との関係の歴史を遡れば、第二次大戦直後の狂熱的な「祖国」帰還の波、一九六〇年前後の希望と不安の入り混じった北への「帰国運動」、その過程での祖国幻想からの覚醒、そして一九六五年の物議を醸した「日韓協定」による「在日」のステイタスの法的確定、それに伴っての「在日」の心理的な閉塞感と表裏一体の安定感、これで「在日」が日本に定住する流れがほぼ決定したと思われる。但し、必ずしも「帰国」を前提としない「祖国幻想」は生き延びる。六〇年代後半には民族の歴史への参与を念じた若者たちが祖国に留学し、南北の熾烈な対立のスケープゴートの役割を振り当てられて、改めて祖国の過酷な現実を思い知らされるといったことがあった。ところが近年では政治状況の著しい変化の結果、「祖国」で仕事を見つけたり、身軽に往来を繰り返したりして、日韓の架け橋になる道を模索している若者たちがいる。

以上が、「在日」と「祖国」との大手を振って語られる歴史の大筋なのだが、実はあまり語られなかったもう一つの歴史がある。そう、「在日」の帰化の潮流であり、かつては裏面史として密かなものであったそれが今や前面に迫り出してきて、いわば「正史」と「裏面史」とがその攻守を変えそうな雲行きなのである。

というように、いわば「継子」扱いであった帰化にまつわる議論となれば、帰化派、反帰化派と二陣に別れて、相当に感情的な議論になりそうなのだが、そうした心理的負荷を括弧に入れてみれば、対抗軸は必ずしも単一ではない。最終的な選択は、どちらかを選ぶ、或いは選ばない（帰化しない人の中にはそういう人達も少なからずいる。つまり、いまさら、わざわざ国籍を変えるなどといった面倒を引き受けるつもりもなければ、その必要も感じない）といったように、帰化か反（もしくは非）帰化かといった二項対立に帰着するとしても、その各項の内部には実に様々な動機があり、考え方があり、感情が込められている。そこで帰化について論じるに際しては、硬直した議論に陥ることを避ける為にも、先ずは、帰化の論理的な正否などよりも、むしろその様々な要素が混在し、干渉しあい、ねじれあっている実態の、せめて輪郭だけでも確認しておいたほうがよかろう。

そこで手近なところでわたし自身を例にとれば、五七歳、中年真っ盛りの人間と、これからがまさに人生といった青年とでは、同じように見える問題を全く別様に考えるかもしれない。同じ「在日」であろうと、生きてきた時代が異なるし、これから生きる環境も多いに異なるだろうから、その展望が個々人に映る世界の色を変える。しかも、これは単なる世代論に留まりはしない。同じ世代であっても、民族主義の洗礼を受けたことがありいまだにその後遺症で「うだうだ」言っているわたしのような人間と、そうした「洗礼」を拒否したり、或いはそうしたものと全く遭遇する機会のなかった人達とでは、問題の建て方や感じ方が正反対といったこともあるだろう。また、わたしのように四〇歳まで完全に日本に閉じ込められて生きてこざるを得なかった「籠の鳥」の成れの果てと、若い時代に世界を飛び回り、「人種の坩堝」での多民族共生或いは軋轢の現実を肌で知った人々とでは。さらにはまた、まだ思考や感受性や人生の型が固まる以前の「祖国」との接触経験の有無によっても大いに差異が生じるだろう。例えば、若い頃に韓国で暮らしたり、往来を繰り返したりといった経験を持つ人と、わたしのようにそうした経験がないに等しい場合とでは、といったように、実に様々な変数がある。

こうした多様性をどのような視座から照らし出せば帰化を巡る「在日」の現在が浮かび上がるか、

これはいまだにわたしにとっては手に負えない問題であり、当座の参照軸としてはやはりありきたりの対立軸に助けを求めるしかない。つまり帰化派と反帰化派とに大別し、その両者を概観するといった常套的なことに落ち着いてしまう。

一方では、経済上、或いは法制度上の数々の不便は耐え忍びつつ、しかし、同胞との一体感という強い味方、さらには歴史的正当性という信念もしくは心情に支えられて、「在日」総体が「民族性」を保持もしくは奪還しつつ、外国人として日本に居住すべきだと考え、それを実践してきた人々がいる。その先に「帰国」が想定されているか否かといった「理念?・」上の差異はあったとしても、先にも述べたように、遅くとも一九七〇年頃以降は日本での定住を前提にして、在日外国人としての生き方を選んだ人々と言うべきだろう。戦後日本の単一民族神話に基づく法律や社会制度や人々の意識がこうした選択を鷹揚に受け入れてくれたわけではないし、祖国の状況の変化や、「在日」における世代交代による民族性やその種の観念の風化もあって、この流れは次第にやせ細ることを余儀なくされてきたが、未だに生き延びている。これをとりあえずは民族派と呼んでおく。上にも述べた経緯からも推測がつくように、その民族派なるものは、集団主義的な思考・感情を共有してきたのだが、その内実は今や大きく変化を余儀なくされつつある。

単純化して言えば、かつては強力な同胞意識や民族的正義といったものが支えであり、それを共有する同胞の存在が前提とされていたのだが、そうした「同胞」が影を薄くしつつある。そこで今や、誰がどうしようと、またどう言おうと、少数派としての「正義」或いは「節操」を守るといった孤立主義的で個人的な傾きが次第に強くなっている。極端な言い方をすれば、「意地」を貫くといった趣さえある。

他方その反対に、何よりも個々人の生活の展望を切り開くことを優先しつつ、その為であれば、「同胞感情」は二の次にして日本国籍を取得することに将来を賭けるという選択がある。その限りで言えば、民族主義、集団主義に対して、個人主義的と呼びうるだろう。この数が徐々に増大し、いまや大波となっている。とりわけ、日本の国籍法の改正がその流れを加速した。いまや帰化のハードルを低くして、少数民族を多数派に溶かしこんだ単一民族ならぬ単一国籍の国を日本は志向しており、そうして作られた運河に「在日」が殺到しているらしい。しかも日朝を問わず、さまざまな「国際的」識者がそれを後押ししているというのが基本的な図柄であることはこれまでに繰り返し述べてきた通りである。

しかも、そうした外部環境ばかりか、既に触れたように「在日」の側の状況の変化もあった。「民族の悲願」とか「在日総体の解放」を謡い、「在日」を主導してきた組織の衰退、亡国の悲哀に加えて被抑圧民族マイノリティとしての経験や集住その他の地縁血縁の結びつきによる集団的紐帯の著しい緩みもある。更には、「民族」や「先祖」を奉ることを生きがいにしていた世代が、死亡その他の事情で、決定権者の座を後続世代に譲り渡したということもある。今や子弟に意思を押し付けるほどの権威を備えた家父長の時代ではない。それればかりか、たとえそうした人がいまだに残存していたとしても、その子弟の方は、親と考えが合わなければ、その支配を脱して生きる道を自ら選択するといったことが経済的にも心理的にも可能になった。大家族主義を云々されていた「在日」も、現代先進国の都市生活者の通例に違わず、核家族的になり、さらには個々人がアトム化し、大衆社会に各々が孤立して紛れ込むようになる。そして、メディアが主導する潮流に軽々と乗せられる、或いは喜々として自ら乗りこむ。こうして、その潮流は今や「正なる」もの、「当為」として「在日」総体に国籍の変更を督促している。

というわけで、かつては「こそこそ」と各個人、あるいは家族単位でなされていた帰化が、いまや当為として、「在日」総体に対して奨励されるに至っている。個人主義から集団主義への転換ということになろうか。

帰化にまつわる心情

次いでは、両者の議論の根拠とその正否に踏み込んでみたいのだが、それに先立って、少々回り道をしたい。帰化の問題はその論理的正否だけではなく、当事者たちの心情の機微に関わるものだからである。

さてその一つ、と言っても遠回りしすぎの懸念もあるのだが、日本人が帰化した元朝鮮人をどのように見ているのかに想像をめぐらしてみる。

異邦性（民族性）に固執する人々ばかりか、例え異邦性を脱色していてもなお徴（とりわけ国籍）を保持し続けている人はやはり頑固な異邦人というわけで、そういう人々と袖刷り合わせて生きるのはホスト国の人々にストレスをもたらすらしい。しかしだからこそ、徴までも棄てるに至った「在日」ならば、日本の社会は歓迎するはず、というのが帰化派の期待をこめた理屈であろう。ところがこの社会は生憎なことに、血統主義的な伝統、アジア蔑視というメンタリティをいまだに払拭できないでいるようで、新参者に対して、鷹揚に受け入れる振りをしながらも侮蔑の色を匂わせるといった趣もありそうなのである。その上、猜疑心、警戒心が働いたりする場合もあるかもしれない。一度「同胞」を裏切った連中、二度目三度目もあるかもしれない。気をつけないと軒を貸して母屋をとられるといったことにもなりかねない、などと。

これは、まるっきりの想像の産物ではない。「在日」の事情をよく知る日本人が帰化日本人のことを話題にする際の口吻から、往々にして感じさせられるものなのである。もっとも、それは反帰化派のわたしの気持ちを見透かした阿りの結果なのかもしれない。だとすれば、そうしたことを口にする人は、逆に帰化派に対してはわたしの「硬直」を嘲笑するような口吻をもらしているかもしれない。

といったように、こうした話題には人間の弱さや悪意が紛れ込み、愉しい話ではない。しかし、そうだからこそ、人間の心理の錯綜を排除することなく、それを紛れもない現実として引き受けたうえで、そこにしなやかな論理と心情のそよ風を吹かせたいというのが、わたしの大それた野心なのである。当人自体に下司の勘ぐりの懸念もあるほどだから、他者からのその種の批判は甘んじて受けなくてはなるまい。しかし、人間の弱い部分、醜い部分が個人的に、さらには集団的に発現し、それが社会の制度やメンタリティによって基礎づけられている場合にこそ差別があり、する側であろうとされる側であろうと、その種の弱さを完全に免れるほどに強い人間はいない、というのがわたしのような人間にとっての出発点であり、「帰化」といった問題についてはとりわけ、そうした地点から出発しない議論にはついつい眉に唾するという性癖を身につけた「在日」中年のつぶやきが連綿と続いているわけである。しかし、そこから発して、爽やかな風を吹かせるような境地に達しうるかどうか、それにまた、そもそも人間の弱い部分、汚い部分を本当にくぐり抜けたような理解がわたしごときに可能かどうかも大いに問題ではあるのだけれども。

さて、本題に入らねばならない。帰化を選んだ人たちがどのように感じながら、それを敢行したのかに目を向けてみよう。

帰化とは変化を自ら進んで選択することなのだから、ある種の断念なり、決別の意識を伴っているに違いない。何との決別かといえば、先ずは生まれてこの方引きずってきた国籍との決別なのだが、その国籍なるものはラベルのように簡単に取り外しの効くものではなく、様々な相関物を伴っている。例えば、この社会で国籍が故に経験することを余儀なくされてきたものがある。それは単に具体的な差別経験だけでなく、差別されるものとしての自意識でもある。また、それらが相まって醸成された対抗的な思考や心情、そしてそういうものを共有してきたであろう「在日」社会、帰化とはそうしたもの一切との決別である。さらには、祖国の伝統的な祖先崇拝を内面化しているような人の場合は、祖先に対する恥や後ろめたさを引き受けてということにもなる。それに加えて、これから「入り込もう」とする社会への不安、怯えといったものもあるだろう。はたして日本の社会は、この元朝鮮人を受け入れてくれるだろうか、というように。

こうしたいくつものハードルを前提にしつつ、それでも断行に至るわけなのだから、そうせずにはおれない事情があったり、それを勘定に入れてもお釣りがくるといった計算があるのかもしれない。或いはまた、先に述べたハードルなど丸っきり視野に入っていないということだって、わたしなどからすれば「まさか⁉」とは思うが、あるかもしれない。

こうした内面の事情は、統計や調査からは窺うことが難しいし、当事者の証言も事実を素直にとは思えない部分が多々あって、想像力を逞しくするしかない。それに加えて、世代その他の条件によって、甚だ大きな差異があることも計算に繰り込まねばならず一筋縄ではいかない。そこで、分かりやすい指標として、先ずは古典的なケースについて考えてみることにする。

かつて帰化は恥ずかしいことであるという感じ方が相当に広範囲にあった。既に述べたことだが、恥は、「在日」社会と祖先と日本人といったように三方向に向けられていた。親族や「在日」からは、裏切りの指弾を覚悟しなければならなかった。日本の社会の基層をなす排外意識に見合った対抗的な「在日」意識があったから、それは杞憂ではなかった。

帰化する人が、そのことを公言するなんてことは希少な部類に属しており、秘密裏にことは進められた。しかも、何がなんでも出自の痕跡を抹消することに、並々ならぬ精力が傾けられた。親戚縁者どころか父母兄弟との交際まで完全に断ち切ると同時に、かつて朝鮮人であった痕跡を抹消するために様々な工夫をこらす例が数多くあった。

しかも、そうした凄まじいまでの努力は、決して帰化を決行した人達だけのものではない。帰化という一線を踏み越えなくても、生活様式やら何から何まで「日本風」をなぞることに尋常でない情熱を燃やす人もいた。その成果の一部なのであろう、最近の在日朝鮮人学生の中には、大学に入るまで自分が朝鮮人であることなど全く知らなかったと言い張る若者までいる。わたしなどには信じがたいことなのだが、もしそれが事実だとすれば、その当人が言うように「朝鮮人差別などない」わけで願ったり叶ったりである。ただわたしなどは、そこまでの状況を創り上げるにあたっての親御さんの「努力」は並大抵のものではなかったはずと同情を禁じえないばかりか、うすら寒い気持ちになってしまう。明らかな朝鮮の徴を持った人々との交渉をすっかり断たなければそういうことはありえないだろうからである。例えば親戚や知己、とりわけ老人たちを完全に遠ざけるというような。そしてその老人には自分の親も含まれているはずなのだから、その親と絶縁することも織り込んでのこととなる。こうした人々は現時点で帰化していなくても、早晩、帰化することになるであろう。

そうした涙ぐましい努力をするに伴って、親戚縁者にも同じ選択をするように働きかけるということもあった。帰化は「在日」社会においては「公民権」を獲得してはいなかったし、日本の社会が「元朝鮮人」を双手を挙げて歓迎してくれると考えるほどうぶな帰化者は多くはない。そこで、非難のまなざしや孤立感を紛らわすには、数が多ければそれだけ気が楽になると考えるのは自然である。とりわけ、決断する人が権威なり、一族の決定権などを保持しているような場合には、一族郎党を引き連れて、と考えるのもこれまた自然な成り行きといわねばならない。

とは言え、右で述べた祖先に対する後ろめたさや「在日」からの非難や「在日」に対する恥ずかしについては、時代につれて事情が大きく変わったようである。

集住から拡散へといった趨勢もあって「在日」同士の接触は減少している。そればかりか、帰化を視野に入れている人たちは、一般に「在日」との接触を好まず、避ける傾向が強い。従って、そうした人々の場合には、恥や非難の懸念を抱えていたとしても、日常的にはそれを意識しないで済ますことも比較的に容易であろう。それに三世以降になれば、伝統的思考方式や心情を内面化している度合いが低く、祖先に対する後ろめたさといったものが付け入る隙ははるかに少ないだろうし、例えその種のものがあったとしても、様々なアリバイ証明が可能だろう。「国籍は変えても心は変えていない、魂は伝承している、現に伝統的な習俗、とりわけ、祭祀を継続しているではないか」などと。それどころか、予想される非難や己の内部の後ろめたさに対して、先手を打つというわけで、「自分の人生の選択に、やましさを覚える必要もなければ、他人にとやかく言われる筋合いもない」と切り返すこともあるだろう。更に一歩踏み込んで、「世界の潮流を見れば、ホスト国に積極的に溶け込んで責任を全うするのがその社会に生きる人間、つまり「市民」の義務であって、そうした決断をあげつらうほうがむしろ責任回避」などと、反帰化派を論難するばかりか、自らの清廉潔白と先見の明を誇ることだって可能なのである。

他方、日本の社会に対する怯えや恥についてはどうか。二世以降であれば、日本語ネイティブであり、日本人とたいして変わらない生活を送っているといった現実感覚もあるから、受け入れられない理由など何一つない、と先ずは考えたいところだろう。ところが、現実がそのような単純なものではないことを、「在日」として生きてきた人間、少なくともわたしのような世代の者なら、知らないはずもない。そこで、新参者としての遠慮や慎みを最大限に発揮して、「自己主張さえしなければ、身を潜めて生きることを許してもらえるだろう、少なくともその程度には日本の社会は民主的になった」と自らを励ます。このようにしてハードルは概ねクリアされるのだろう。

ついでに付け加えれば、更に微妙な要素が最後の一押しをする場合も多そうである。若い世代はいざ知らず、一定の年齢に達した人の場合、ある種の倦み疲れといった要素があるのではなかろうか。「もう重荷は降ろしたい。民族や国籍といった面倒から解放されて「普通」に生きたい」と。それに加えて、子弟がいる場合、「子供たちには余計な面倒を負わせたくない、自分で終わりにしよう、そのせいで方々（祖先、肉親、親族、在日社会、祖国、そして日本）から受けるかもしれない非難その他は、自分が引き受けよう」といった責任感、或いは「ヒロイズム」が逡巡を断ち切ったりもするのだろう。

そしてその子弟たちは、そうした「ヒロイズム」のおかげもあって、先行世代が経験した心理的葛藤も知らないままに、それでも何となく重荷だった国籍の重圧から解放されて、「普通」の日本人として社会に打って出てくれるだろう、と親は期待するのだろうが、それほど単純に事が運ぶかどうか、わたしなどは疑念を拭い切れないのだが、ここはまだ、そうした議論に踏み込む場所ではない。

帰化の動機

前項で想像を逞しくしたのは帰化にあたっての心情レベルでの話である。次いでは、理屈のレベルに移行したい。と言っても、それらは絡み合っており、全く別ものであるはずもないから重複を避けられないのだが、ともかく分離に努めながら、論理レベルでの帰化の動機を考えてみたい。

先ずは状況認識がある。「在日」と日本の社会との関係にまつわる状況認識、とりわけ、差別の実態に関する判断。次いでは、今述べたものと無関係ではないのだろうが、かつて「在日」を支配(呪縛?・魅了?)していたとされる「民族主義」の捉え方の変化があるだろう。そして、民族であれ何であれ、集団と個人の関係の捉え方があり、そうしたものが相まって、個々に固有の「社会の核イメージ」が構成され、それが個々の「在日」の生き方を決めるのであろう。この最後に挙げた「社会の核イメージ」こそはわたしが最も重要なものと考えているものなのだが、それについては後述することにして、先ずは典型的な論法を取り上げて見よう。

①差別は（殆ど）なくなった。

②国際化の時代、民族主義は今や時代遅れで、現在を生きている人間にとっては束縛、拘束としてしか機能していない。

③したがって、現に住んでいるホスト社会における義務と責任を果たして雄雄しく生きるべきである。

④民族差別など（殆ど）ないのだから、自らの出自を明らかにして、韓国系、或いは朝鮮系日本人として社会参画しつつ、その延長上では、日本と韓国・朝鮮との架け橋として生きるべきである。その使命を課せられている。或いは、その可能性がある。

というわけで、筋は通っていそうで、現実的かつ未来志向的として、関川がこのラインの論理構成を大いに称揚していることは既に述べた通りである。しかしわたしの見るところ、そうした単線的な論理で帰化を選ぶような人はむしろ少数派で、帰化者の多数派の論法はむしろ次のようなものではなかろうか。

① 差別は改善されたが、しかしいまだに残っている。
② 民族的な帰属意識がないわけではないが、その内実は曖昧であるばかりか揺らいでいる。例えば、父祖への想いといったものはあるのだが、それは現実の祖国とは必ずしも関係がない。「在日」社会との関係も希薄になっている。
③ いろんな意味で褒められた話ではないかもしれないが、民族で飯は食べられない。それにそもそも、自ら不利益に甘んじて生きる必要などありはしない。そこで、複雑な想いは自分の中に封じ込めて、方便としての国籍の変更が視野に入って久しい。
④ それに今や、帰化の波は大きい。子弟に面倒を背負い込ませない為にも、今が決断のチャンスである。あるいはまた、もう終わりにしよう。疲れた。

概ねこうした論法が少なくともわたしの世代の帰化派の代表的なもので、個々のケースはその両者の間を揺れ動いているのではなかろうか。但し、「少なくともわたしの世代」という但し書きに留意していただきたい。これは決してその世代に限られるという意味ではないのだが、しかしわたしより一回り、二回り以上も下の世代ならば、こうした議論の枠内に入らない例が多々あるだろう。それにまた、その但し書きの限定内の人でも、必ず先の論法に含まれるというわけではない。

例えば、今に始まったことではないのだが、「世界市民」として生きようといったわけで専ら先進国に移住することに活路を見出す人たちがいて、現在そうした方向は、「在日」のみならずアジア各国でも流行になっているらしい。奥さんが妊娠すると先進国に赴き、そこで子供を産み、子供はその国の国籍を確保するといった例も含めて、今後さらにそうした潮流が勢いを増しそうである。

したがって、国籍変更を意味する帰化を論ずるにあたって、そうした例も視野に取り込んでおくべきなのだろうが、わたしには生憎とその用意がない。そうした選択が許される人は限られており、特権的な例に属するのではと、骨身に染み付いたやっかみも加担して、想像力が働かないからである。褒められた話ではないのだが、わたしの論じうることは、この狭い日本で「うじゃうじゃ」と生きている人間たちの世界に限られているのである。

ついでに言えば、「在日」の帰化については、ちょっとした変種がある。生まれてこのかた、日本政府が便宜主義的に用いてきた名称に過ぎない「朝鮮」籍であった人に対して、「日韓法的地位協定」の締結以来、韓国籍への変更が陰に陽に勧奨（強要）されてきたのだが、その人達にとってはアメリカ帝国主義の「傀儡政権」であった韓国への屈服など金輪際受け入れらないから、どうせのことならと、一足飛びに日本籍に帰化した人もいるらしい。「北」に全身全霊を捧げた経験がある人々の一部には、最も憎いのは同胞の「裏切り者」に他ならない「南朝鮮」であるといったように、韓国、日本、西欧といった憎悪の序列が形成されているというわけである。人間の「同族」に対する愛憎といったものは皮肉な作用をするもののようである。そうした人々の中でも、もしその可能性（つまり、経済的な余裕とか言語能力とか血縁の存在とか）があれば、先にも述べたように、一挙にカナダやアメリカやオーストラリアへ移住するといったことになるのも自然な成り行きである。

とは言え、そうした国々の国籍取得もやはりナショナリティの選択に他ならず、ナショナリティの因縁から逃れたいという願望を実現できるものなのかどうか大いに疑わしい。それにまた、それにまたそれらの国々が民族的軋轢と無縁の理想郷であるはずもない。それを承知していながらそうした決断をするのは、それほどにこの日本では、国籍というものが民族的マイノリティにとって大きな負担で、それに苦しんできたからなのであろうし、欧米の多くの国では、日本や「祖国」と異なって、国籍法が血統主義ではないことに加えて、多民族共生にまつわる社会的訓練と法整備が進んでいるであろうから、それだけでも救われるということなのだろう。

反帰化派の心情と論理

他方、帰化を選ばない人たちにとって帰化とは何か。基軸は既に小出しにしてきたように、帰化は変節、屈服、裏切りであるといった感じ方、或いは、論理にあった。

裏切りというのは、まず第一に同胞（民族主義かつ集団主義）を棄て、個人の利益を最優先する個人主義に向けられる。さらには、差別社会への屈服どころか、差別者の側への寝返りであり、あげくは差別者に変貌すること、それが帰化であるというわけなのだが、「同胞」から「見棄てられ」、

「置いてきぼり」を食らうのではないかといった不安や寂しさも絡んで、先の裏切りを指弾する声を高くさせもするのであろう。

というわけで、反帰化派の議論は民族主義の色合いが濃く、とりわけその点で、帰化派と決定的に対立するかに見える。ところが実際には、反帰化派が民族主義で、帰化派が反民族主義であるといった単純な二項対立の図式は成立しそうにない。帰化派が必ずしも反民族主義であるとは言えないこと、また、帰化を拒む人のすべてが民族主義の枠内に収まるわけではないからである。

反帰化派の心情・思考、そしてその運動はなるほどナショナルな言語に翻訳される傾向が強かったが、とりわけ二世以降にあっては、必ずしも「祖国」といったものには収斂しない何物か、民族主義を超えてむしろそれに対立するかもしれない要素を含んでいた。

この日本でマイノリティとして生きてきた経験は一定の共同的な意識を育んだ。そして、その「在日」というマイノリティを徴付けるものが国籍や民族的な習俗といったものでそれを指標にして差別や抑圧が正当化されてきたから、当事者がマジョリティに対峙し、状況の改善を目指そうとすれば、民族主義的な何ものかに拠って立つのは、必然的な成り行きであった。こうして、民族主義的な言語、思考方式が防衛と反撃の拠り所となった。

しかし、「在日」的経験の解釈の仕方はそれだけではなかった。日本におけるマイノリティとしての経験が教えてくれたこと、それはなるほど、日本の社会ではマイノリティ、とりわけ民族的マイノリティが差別されるということではあったが、それればかりか、差別の対象は民族的マイノリティに限られないこと。さらに進んで、どのような社会であれマイノリティ差別が生産、再生産されるのではという予見、洞察、そして信憑でもあった。そうした感触あるいは想像力に依拠すれば、「在日」的問題はたしかに日本における民族マイノリティの問題であったとしても、それは民族主義的な思考や方法論だけでは解決がつくわけがない。原理的な解決は、社会一般が孕む排除・包摂のメカニズムを理解し、自分（たち）ばかりか、他のマイノリティ、さらには将来に生み出されるであろうマイノリティの為にも、そうした社会のメカニズムと論理に対して異議を申し立て、それを改変する努力を続けることによってこそ得られるということになる。

そうしたことを誰もが確固と把握したわけではないだろうが、おぼろげな感触としては、少なからぬ「在日」が持ったはずなのである。

但し、そうした原理的な思考や感情は「夢想」と嘲笑されかねないし、現実の力と力のせめぎあいの中で、変貌や沈没を余儀なくされ、本来なら対立してもおかしくないはずの民族主義などに吸引されたりもした。とは言え、そうした「夢想」を保持し、さらには日常で生かそうとする人達はやはり少なからず存在し、民族を超えた交友や絆を育むための努力を惜しまなかった。そうしたからといって、民族の垣根が易々と乗り越えられるわけではないであろうが、そのような経験によって得られた連帯の感触は、彼らを民族の垣根の内部に閉じ込めはしない。

そんなわけだから、帰化を拒むという点では一括できるとしても、そうした人々と、自らの体験を専ら民族主義に収斂させてしまった人々とが同じ範疇に入るはずもない。被差別経験の反動もあって、祖国や民族の先験的な優秀性を誇ることに自尊心の拠り所を求めたり、祖国の成長とその影響力の増大こそが「在日」の問題を解決するのだといった論法に縛られている人たちとの差異・対立は、一部の帰化派との違いより大きいものがあるかもしれない。

というのも、帰化派は「在日」の民族主義は棄てたとしても、現実世界の民族的、国家的な書割を是認したうえで、その枠内での平穏なり成功を求めるのだから、その意味では現状肯定であり、現実の世界が数々の民族主義的なイデオロギーの鍔迫り合いで成り立っていることをも考え合わせれば、これまた一種の民族主義と言えないこともない。

といったように、帰化派、反帰化派という両陣営の各々が大きな亀裂を内包しているのである。ナショナルな言語が支配的だった時代には、そうした亀裂が覆い隠され、「我らの民族」か敵対する民族・国家「日本」かといった二項対立が過大にクローズアップされてきたにすぎないのである。

ところで、先にも述べたが、「在日」の集団主義や民族主義の根拠が様々なレベルで曖昧になってきている。「在日」の多様化、拡散が云々され始めて既に四半世紀を経ている。今や、「在日」の共通の経験なりイメージを構成しにくくなっている。

集住から拡散に加えて、生活レベルの差異の著しい拡大がある。一世の退場による共同の記憶の喪失もある。それに加えて、「在日」社会における権威主義や論理の硬直と、ナショナルな理想の崩壊（北の失墜）とがあいまって、組織的・人間的な紐帯が綻びつつある。

また、「在日」を取り巻く環境に眼を遣れば、日本社会、とりわけ行政レベルにおける差別の緩和があり、西欧的個人主義の亜流が浸食しつつある日本の社会のメンタリティの変化が「在日」への視線も少しは多様化させたし、それに対応して、「在日」の日本に対する眼差しも多様性を増しつつある。

また他方では、祖国の人々との想像を超えた差異の発見もある。祖国のはずの韓国に行ってみると、そこに生きる人々、そしてその文化との差異に、また彼らの「在日」に対する眼差しに愕然としたりもする。それればかりか、新たに来日した「同胞」たち、つまりニューカマーと呼ばれる人たちとの差異の発見もある。「在日」という意味では同じステイタスになるはずなのだが、異質性が同質性を凌駕するという印象さえもある。

但し、この件については、祖国と「在日」の文化的差異だけでなく、いろいろな要因があるのだろう。先ずは、定住者と移動する民との思考方式の差異、つまり「在日」二・三世と渡日一世とでは、ホスト社会に対する構えが異なるだろう。また、ホスト社会の変化もあるのだろう。戦後このかたの日本と、ニューカマーが渡日し始めてからの日本の社会との間には様々な変化があったし、この日本社会は旧来の「在日」に対する場合と、ニューカマーに対する場合とでは、その眼差しが異なるし、態度も大いに変わる。それにまた、この社会に定住する意思を持っているかどうかの違いもあれば、たとえ、定住の意思という点では同じであったとしても、アイデンティティの不安を持たないニューカマー一世と、既に定住を果たしているはずなのにアイデンティティの不安を抱えていそうな旧来の「在日」三世、四世たちの精神構造の差異といったものもあるだろう。というわけで、差異があって当然なのだが、そうした解釈をひねくりだして納得する以前に、差異そのものに圧倒されて、「同胞」なる観念の根拠が大きく揺らぐ。はたして国籍が同じであることがどういう意味を持っているのか、「同胞」とは一体何を意味するのか、といった具合なのである。

そして何より、旧来の「在日」そのものの国籍変化の波が大きい。親戚や知人に日本人と結婚したり帰化している人が皆無というような在日朝鮮人は稀になっており、帰化した人々を、日本人と結婚して日本国籍となった子弟を、さらにはそのまた子弟をも同胞と呼ぶのか、といったことについても多様な考えがある。さらには、例え国籍を変えるに至らなくとも、三世、四世と一世、二世との同胞観、社会観の差異の拡大ということもある。要するに、「在日」の共同性を保障するものが曖昧になっている。そうした状況下で、長年にわたって因縁の対立を続けてきた両陣営の関係はどのようになっているのだろうか。

帰化派と反帰化派との関係

一見したところでは、帰化派と反帰化派との対立で「在日」社会が引き裂かれているわけではない。この章の冒頭でも述べたが、両者が「祖国」への墓参や観光旅行に同道したりもするといったように、親戚付き合い、友人付き合いが変わらず続いている場合だって多くある。その意味では、昔と比べて大きく変化したわけである。

たとえ親戚や友人であっても、考え方が同じであるとは限らない、他人の選択に口出しをすべきではない、といった諦念を交えた慎み、あるいは現代の市民社会で要求される対人関係に関する個人主義的規範のようなものが、「古風」で民族主義的、家族主義的とされてきた「在日」の社会にも遅ればせに浸透しつつあるのだろう。逆に言えば、そうでもしないと血縁、友人関係の多くが失われかねないほどに、「在日」内部に帰化派と反帰化派との同居、混住が広がり深まっているのである。

とは言え、対立は様々なレベルであり、それが公言されることが少なくなった分だけよけいに、個々人の心の奥底に潜み、とぐろを巻くといった事態になっているのではなかろうか。

例えば、反帰化派からは次のような疑問、批判、さらには非難が、声を潜めてではあるが、帰化派に向けられそうである。自分の生き方を決めるのはあくまで当人であるといった原則には同意できるとしても、現状の日本の社会での「在日」の帰化というものが、果たして個人の自由選択と言いうるのか。むしろ、それは自由の名を僭称した強要ではないのか。それに屈服するのは、差別社会の容認に他ならず、あげくは新たな「大日本帝国」内の民族的序列、階層支配に自ら繰り込まれていくことになりかねない、と。

反帰化派の誰もがそうした論理レベルで、帰化派を論難しているわけではないのだろうが、そうした論理の心象版としての次のような懸念は多くの反帰化派が共有していそうである。帰化後もこの社会の差別的傾向の是正に努めるといった意志を本人が堅く持っていたとしても、その意志は実現可能なのだろうか。実際には、その意志に反して、異邦人（のみならず同胞）を差別することを余儀なくされる場合があるのではなかろうか。それどころか、アリバイ証明、新参者の「ご挨拶」代わりというわけで、普通の日本人以上に、自ら進んで差別者を演じるといったことになりはしまいか。さらにはその延長で、その子弟たちは隠蔽された被差別意識の反動で、正真正銘の差別者に成長していくようなことも生じるのではないか、などと。

こうした批判、疑念に対して、これまた暗にではあろうが、帰化派はどのような反論をするだろうか。

一番手っ取り早いのは、差別などはどこの世界でもあるのだから、それを云々しても始まらない。いっそのこと、そうした現実を進んで受け入れて、差別されるよりも差別する側になるほうが得じゃないか、むしろそれこそが正直な人間の生き様だ、といった現実主義で一蹴することだろう。顰《ひん》蹙《しゅく》を招きかねないから、実際に口に出す人は多くないだろうが、密かにそのように思っている人は少なくないだろう。

因みに、少々余談になるが付け加えると、そのように標榜された現実主義の裏には、長年の在日朝鮮人歴がもたらした心理的な外傷の果実としての、現実主義とは相容れそうにない素朴な夢想が潜んでいそうな気がする。例えば、マジョリティは幸せな人種である、といった一部の真実が含まれているのだろうが、過度に一般化するととんでもない誤解に至りかねない幻想である。

日本人は何の苦労もなく、「普通」に生きられる。とりわけ、自らは人を差別しながら、その差別を意識することなく暢気に生きることができる。要するに、被差別の経験や意識がなければ、全く内面の煩悶もなく人生を謳歌できるはず、というように、全くの能天気な存在としての日本人像を描き、そうした特権的な「普通」の人々になることを生涯の夢としている、といったことに。その「普通の人々」もまた、それぞれに問題を抱えて生きているといったことを想像するのは決して難しいはずもないのだが、実際には、その種の想像力を自らに禁じてしまったりもしていて、だからこそ夢想というわけなのである。

余談を切り上げて話を元に戻そう。反帰化派に対して、帰化派から次のような積極的な反論も予想される。「国籍など、そもそも自ら望んだものではなくて、他律的なものであるから、それを自ら主体的に選び直すことこそ、現実を生きる人間の知恵であり、責任であり、権利である。それを引き受けてこそ、一個の市民となりうる。つまり、この社会への参入が許され、現状を改変する機会も得ることができる」。

さらには、非難の刃を受けて返して、反帰化派を厳しく論難することもあるだろう。国籍を保持することで、何を求めているのか、何ができるというのか。「わたしの国籍が見えないか、全能の民族的徴が」といったように、民族的正統性といった古証文を自らの怠惰のアリバイ証明に用いて、人生を積極的に切り開こうと努めている帰化者を白眼視しつつ、仲間内で傷の舐めあいに励んでいる。そうした非生産的なことはこれまでのことにして、生産的で責任ある行動をすべきだ、と。さらには捨て台詞というわけで、「早晩、在日などといった苔むした存在は消えていくことになるだろう。化石のように旧態依然の理屈に閉じこもって、屁理屈を垂れたければ永遠にそうしながら、ついには朽ち果てればいいじゃないの。わたしたちは現在と未来を元気に生きるから」と。

以上の想像上の争論はその描写が拙いことも与って、水掛け論に終わりそうに思えるかもしれない。しかし、両者に共通の土台がないわけではない。

状況認識が近似している場合もありそうなのである。例えば、この社会は差別社会である、といったように。但し、共通しているのはそこまでで、その状況認識から導き出される結論は正反対となる。片や、「だからこそ、帰化すべきだ」。片や、「だからこそ帰化してはならない」。さらにそれを発展させると、「帰化してこそ、この社会で発言権を得ることができる」。いいや、「だからこそ、国籍を保持することによってこの社会に異議申し立てを続けるべきである。それがこの社会への、さらには未来の社会への寄与の道である」と。

といったように、この問題に限って言えば、争点は有効性のレベルの問題に帰着しそうにも見えるのだが、そこで争われているのは本当に客観的な有効性の問題なのだろうか。わたしにはそうは思われない。ことこの問題に限らず、帰化をめぐる議論の対立は、そうした客観的なものというよりむしろ、主観的な色合いの濃い何か、「社会の核イメージ」といったものに関わっているのではなかろうか。

そこで、これまで何度も小出しにしながらまだまともに叙述していない「社会の核イメージ」とは何かを論じたうえで、この議論を結びたいところなのだが、話が長くなりそうなので、ここではとりあえず、次の問題、つまり、両陣営の心理的、感情的な対立を表す象徴的な言葉である「裏切り」を検証しつつ、そこに含意される「同胞感情」の崩壊と再生について考えたうえで、「社会の核イメージ」なるものを本格的に問題にしたい。

「裏切り」と「同胞契約」

両派の心情的対立を象徴するものとして、既に幾度も触れてきた「裏切り」という言葉を改めて取り上げてみる。反帰化派が帰化派に投げつける「裏切り」という断罪、それに対して帰化派はどのように反論、あるいは対処するだろうか。かつてなら、真っ向から反論する人は少なく、隠密裏に帰化する人が多かった。つまりは、帰化する人達もまた、その非難の正当性をある程度は認めて、罪悪感、或いは、後ろめたさを払拭できないままに帰化に踏み切っていたのだろう。ところが、現今にあっては、そうした罪悪感を抱くような人はむしろ少数派になって、逆に、帰化派が反帰化派に向かって、弱犬の遠吠え、時代遅れのたわごとなどと、さらには、「勝ち組」としての余裕なのだろう、苦笑いを浮かべて聞き流したりが大勢となっているのだろう。

といったように、両派は大きく対立しているように見えるが、実は、共通するものがありそうなのである。裏切りという言葉の「根拠」に対する懐疑である。

同胞という信憑（或いは契約）が相互にあってこそ裏切りという論難が可能であり、そうした相互関係が成立していない他者に対する裏切りの指弾など、殆ど意味を成さない。しかも、その「裏切り」派が多数派を占めそうな趨勢にあっては、その声はますます独語の意味合いを濃くし、孤独な絶叫もしくは呟きと化さざるをえない。そうした事情など、落ち着いて考えてみれば容易に理解できるはずなのに、そうした言葉がいまだに生き延びている気配がある。

今や大きな声で発せられることは無くなっていそうなのにそのようにわたしが思うのは、何よりも、自分を省みてのことである。その種の言葉、そしてその種のメンタリティを嫌悪し、それを自らに禁じているつもりのわたしなのに、ついついそうした言葉を内心で弄んでいることがある。しかも、それはわたしひとりの「病」ではなさそうで、わたしの周囲でも、それに類する恨み節がついつい口をついて出そうになって、慌ててそれを抑え込むといった気配がある。こうした状況を敷衍して、「同胞」社会では今尚、それが死語となってはいない、とわたしは判断しているわけである。

では、死語と化していない理由は何だろうか。

思考や心情や言語の惰性といった側面があるのだろう。一度身に着けた言葉、それも他者を否定する言葉を脱するのは難しい。人間の自己肯定の欲望には執拗なものがあり、そうした隘路に陥らないためにはよほどに鋭い自己点検が必要なのだが、そうした厳しい眼差しを常時、自分自身に向けるのは至難の業である。ついつい惰性に負け、あげくは、その住み慣れた心情の砦に安住を決め込んでしまう。それに加えて、一定の効力を発揮する場合も少しはあるからだろう。敵を措定することによって、「徒党」の紐帯を強めるといったように。しかし、そのいずれにせよ、今や大した効用ではないし、そのことを当人も重々承知している。にもかかわらず、口をついて出る。或いは又、口に出さなくとも、心のどこかで、その種の言葉を反芻している。

そうした事態には何かが露呈している、とわたしは思う。何よりも、同胞の解体の不安、言い換えれば、孤立化の「不安」が、攻撃的に現れているのである。不安に脅かされ、それをおし隠そうとして、「敵味方」的な論理にすがって同一化を求め、そのあげくには、改めて孤独を思い知る。

他方、帰化する人たちもまた、よく似た不安をどこかに押し隠しているのではなかろうか。一体誰と共同してこの社会を生きのびていくのか、といった「同胞性」に関する不安である。そもそも帰化派にしても反帰化派にしても、よく似た状況をよく似た感じ方で生きてきており、結果的にその選択が異なったとしても、同じコインの裏表という側面を免れがたく、一方の不安は他方の不安でもあるに違いない。多数に取り囲まれた少数派として、いかにして共に生きる人々を見つけ出し、共同して生きるか、そうしたことを殆ど無意識に考え続けている。つまり、共同性に対する不安を常に抱えており、それはある意味では、人間が本来的に備えている実存の不安の一種なのだろうが、それが攻撃的な形をとったり、あるいは逆に隠蔽に努めるといったように、少々病的な形で発現するのが、マイノリティの特殊性ということなのかもしれない。

こうした不安症候群、しかも、今や殆ど対話の可能性が閉ざされるばかりか、個々の内面に抑圧されているそれが自他にとっていいはずはない。それから脱け出る為にも、同胞意識が崩壊の過程にあるという現実を直視したうえで、その事実を専ら否定的に捉えることなく、今後に生かす契機にするべく努めなくてはなるまい。そうすることによって、「裏切り」などといった忌まわしい言葉、それをとりまく陰湿なメンタリティ、つまりは不安症候群とすっぱりと縁を切る道が開けるかもしれない。

この世のありとあらゆるものが変化する。関係もまたそうである。そうした変化に眼を背けて、かつて在ったことを理由に、それに依拠して生きるのは一見気楽そうではあるが、観念と実態との距離が増大しつつある「在日」の共同性に関しては、その観念の自閉性、さらには強迫性が強まるのを避けることは難しい。

それでもなお「同胞」に依拠しようとするならば、かつて在ったもの、今もなお在るもの、さらには、これから創り得るものとを腑分けして同胞意識の再生を図るしかない。

繰り返しになるが、同胞という関係、それは「既にある」ものとしては影を薄くしつつある。したがって、もし必要だとするなら、再生するなり、創出するなりするしかない。創り上げるものとしての「同胞」感情のあり方、更には、そうした「同胞意識の再生・創生」がどのような条件で可能なのかを考えなくてはなるまい。

因みに、他の人々はいざ知らず、ことわたしに関して言えば、「同胞感情」といったものが少なからずあるばかりか、それが必要だと考えている。先ずは、わたしにとってそれは心理的な憩いになるということがある。幼いわたしを親和的に包み育ててあげてくれたコミュニティ、それに対する郷愁がある。しかし、そうした退行的な理由だけではない。

わたしたち二世は育つにつれて、自らを育んでくれた同胞を、そのコミュニティを一度は切り捨てた。あるいはそのように努めた。欲望を掻き立てる大きな日本の社会に参入するために、その大社会の眼差しに一体化して、その大社会に包囲され、貶められた小社会である同胞社会を、遅れたもの、忌まわしいもの、邪魔なものとして、そこからの脱出を図ったのである。ところがその一部は（わたしがその一部に属すわけなのだが）、さらにある段階に至って、一度は切り捨てた（或いは、切り捨てようとした）同胞感情を再発見したのである。あるいは努力の果てに獲得したのであった。そうして再発見された同胞感情は、自然に醸成された生来の感情といったものであるよりもむしろ、切り捨てようとした同胞社会と参入しようと目指していた社会の対立を超えて、或いはそれらを重ね合わせた上で、社会はかくあってほしいというイメージ、そうした社会を作りたいという意識的で行動的な方向性をもっていた。言い換えれば、ともすれば「身内」に閉じかねない共感の枠、共感の射程を広げようとする努力でもあった。

その過程で確実に見えてきたことがいろいろとあって、そのひとつが次のようなことであった。

差別が相当に緩和されたというのが事実だとしても、そのように改善される以前の心理が、制度、政治が、今なお後を引いている。人の生が現在だけで成り立っているはずがない。その昔に日本の、或いは「祖国」の、或いはまた「在日」の社会が引き起こした「不幸」を未だに背負って生きることを余儀なくされている人達がいる。そうした過去の責任、しかもその傷は今尚大きな問題を残しているのだから現在と未来の責任でもあるのだが、そのために苦しんでいる人々に手を差し伸べるべきは、この社会の人々であり、この社会の制度だろうが、実際にはそのように事は運んでいない。この社会の人々に、その社会の過去の責任を負う覚悟なり、同じ社会に生きる人間としての共感（或いは同胞感情）があればいいのだが、そのようになってはいないのである。とすれば、そうして社会から排除された人々、排除される可能性を持った人々に、何らかの理由で眼を向ける可能性を備えた人々、少なくともそのような契機を備えた人々が何としても必要である。でなければ、悲惨の中で孤独に追いやられる人々が数多く生まれる。しかも、それは特定の人々にとどまらない。排除を生み出す構造がその社会にある限り、その社会は次々と排除対象を産出する。社会の一部にしか関係しないように見えようと、それはやはりその社会全体の問題に他ならない。

社会の過去と現在と未来とが産出するマイノリティ、彼らに対する社会的責任をその社会総体が負おうとしない場合、その欠落を補う可能性を最も備えているのはその当のマイノリティに属す人々、あるいはかつてそこに属していた人々であり、彼らが備えうる「同胞感情」であろう。繰り返しになるが、社会全体がそのメンバー全員に対して同胞感情を覚えることができればいい。

これが大前提なのだが、それが叶わないとなれば、次善の方策としては、特定のマイノリティたちが自らの「同胞」に対して「自然」に覚える共感に救いを求めるほかないのである。但し、「自然」と書きはしたが、実はそれは自然なものではない。

既に幾度も指摘したように、同胞なるものが解体しつつある。その内部での格差の増大、対立、さらには、関係の断絶が生じつつある。しかしながら、同胞意識の痕跡のようなものが残っているかもしれない。帰化しようとしまいと、そうした痕跡を自らに認め、その痕跡を能動的に生かして、「あたかも自然に」ということなのである。更に言えば、そうした同胞性の痕跡を可能性としての同胞意識と言い換えることもできなくはなく、その意味では、現在の国籍が絶対条件ということにもならないわけである。

ともかく、何かを契機として同胞感情の「かけら」のようなものを見出し、これを積極的に生かすべく努めることなくして、それは「自然」には育ちはしないのである。

その「自然」であって自然ではない建設的な共感、それは特定のマイノリティに限定されるものではない。そうした特定の「同族」という束縛を脱して、あるマイノリティに属する人が他の様々なマイノリティ集団、そしてその個人に同胞感情を覚える可能性も十分にある。同じ社会で疎外されているマイノリティという意味では同じ状況に置かれており、分割統治的なレトリックや政策に眼晦ましを食らってさえいなければ、「新たな同胞」といった感情が芽生えてもなんら不思議ではないのである。

その結果、狭い意味での帰属や血といった束縛を超えての共感の可能性が浮かび上がってくる。もちろん、疎外されたもの同士がお互いに疎外しあう可能性も排除できない。権力（志向）は分割する。帰属に基づく閉じられた同胞感情、「死んだ、停滞した」排他的な同胞感情を利用し、分割統治を行う。さらには、そうした同胞感情を「同胞」が利用して、権力的に支配しようとしたりもする。

しかし、そうした出来合いの同胞感情とは一線を画し、時にはそれと対峙する同胞感情によってこそ、あるマイノリティと別のマイノリティとの交通の可能性が開ける。というより、そうした可能性に眼を向けることによってこそ、「既にある同胞」を超えた、「創り上げる同胞」の領域に一歩踏む出すことになる。その先には、社会全体に拡がった同胞意識さえも望見できるかもしれない。

このレベルに達してみれば、同胞は帰属を超えてのものとなり、帰属を種にした権力関係から解き放たれた眼で、同胞関係の強要、逆に言えば、帰属に基づく敵対関係の強要に対峙することになるであろう。

但し、以上のわたしの論理展開には根本的な欠落がある。人々が生きているうちに共謀し、加担し、その一部に組み込まれてしまい、他者ばかりか自らに対しても抑圧的になってしまうといった権力関係、あるいはその構造、それに対する視点が十分に活かされていないのである。さらに言えば、欠落はいまひとつある。「同胞」の危機とは地域的拡散だけを意味するわけでなく、階層の格差、それに伴う意識構造の格差の増大、さらには対立を意味しているはずなのに、そのあたりが十分に組み込まれていないのである。富裕な人々同士には、帰属を超えた階級的な防衛意識があり、知識を持った人々にも、帰属や主義主張は対立しているように映っても、実は同じ知識人としての同業意識といったものがあり、それがいわゆる「同胞意識」よりもはるかに現実的で強固な場合が多々ある。創造的な同胞意識がそうした格差や軋轢をも越えて、絆を創り出すことをわたしは願っているが、それは殆ど願望、夢想の領域にあることを、わたし自身が認めないわけにはいかないのである。

したがって、こうしたわたしの理屈は、楽観的な側面にばかり眼を奪われた「お話」に過ぎない、という誇りを覚悟しなくてはならない。しかし、帰化に関するうんざりするような議論の果てにこうした希望の光を見ることは、少なくともわたしにとっては、生きる励ましになる。

といったように、帰化に関する争論を辿っているうちに、わたしたちは同胞といった、かつては現実と合致していたかもしれないが、今や一人歩きの相貌を帯びた「観念」の再検討を迫られるのだが、それは逆から言えば、同胞感情の廃墟に新たな質と方向を備えた共感が芽生える可能性を目にすることができるということにもなる。つまり、いかなる帰属意識を持とうと、それを固定化することなく、開き、さらには流動的にしつつ、他者と共同して社会に関わる可能性が浮き上がってくるのである。

わたしにとっての帰化とそれに関連しての「社会の核イメージ」について語る段階にたどり着いたようである。

わたしにとっての帰化

さて、わたしが帰化を肯わないという態度決定はおそらく以下のような事実（あるいは事実認識）に多くを負っている。

①二世として、一方で、在日的コミュニティの中で育ちはしたが、他方では、学校教育を含めた友人たちは圧倒的に日本人であった。少なくとも、大学入学以前には、友人の殆どが日本人であり、彼らには己の出自を隠すことに懸命に努め、そのことに対する後ろめたさを拭えないといった二重性に苦しんでいた。

②大学生時代に「在日」の民族的運動の洗礼を受け、解放感を覚えた。同族の発見（もしくは再発見）であった。それは自己隠蔽から自己肯定への転換の契機でもあった。

③大学卒業後、「在日」の民族団体とは疎遠になったとは言うものの、一定の友人関係はつづいているし、その延長で妻とも結婚に至った。

④物心ついて以来、「在日」が故の差別に遭遇することが少なからずあり、その可能性を常に念頭

において生きてきた。おそらくは、わたしの対人関係のパターンや性格の多くは、わたしが「在日」であるという事実と大きく関わっているはずである。
⑤現在も少なからぬ「在日」の人たちと交渉しつつ暮らしている。
⑥父親が韓国に残した数々の問題も絡んで、ここ一〇年以上、韓国への往来を繰り返している。
⑦四〇歳になるまで、全く海外渡航の叶わぬ条件で生きてしまった。つまりは、篭の中の鳥としてほぼ自分の人生の形を決めてしまわざるを得なかった。つまり、わたしはまさに「在日」として生きてきたわけである。

概ね以上の、自ら選びとったり、仕方なく引き受けてきた諸条件、それが故に、わたしは帰化しない、帰化派には与しない。しかし、それが絶対的条件なのかどうかと改めて自問してみると、疑わしい部分が少なからずある。同じ事実でも少し視点をずらしてみれば、逆に帰化を促す条件にもなりそうなのである。例えば、以下のように。

①わたしの母語は日本語である。
②わたしの生活は日本人との関係で成り立っている部分が多い。
③日本の地域社会に積極的に関わって生きている。その過程で、「在日」が故の障害や屈託もないわけではないが、だからと言って、そうした地域における日本人の個人や集団との関係を解消し

ようなどと思っていない。

④「在日」のそれのみならず、あらゆる民族主義に対して懐疑を覚えざるをえなかったし、今でも強く覚えている。日本の民族主義イデオロギーとその日常的な現われ以上に、「在日」の民族主義の否定的側面に大きな不快感を覚える。

⑤おそらくはこの日本の地で死ぬことになるであろう。というより、そのように決めている。

⑥わたしの文化的バックボーンは日本の文化であるという自意識がある。わたしは日本に、というより、生まれ育ち、現に暮らしている大阪の淀川流域に愛着を抱き、そこで安らぎを覚えている。

以上のことを重ね合わせてみると、わたしの選択の振り子は大きく振れていることが明らかである。列挙した事実だけをもってしては、わたしの態度決定を根拠づけることはできそうにない。従って、わたしの選択は主観的なものにすぎない、とひとまずは言わねばなるまい。

ではその主観の内実とはどのようなものであろうか。それはおそらくわたしの内面で育まれ、わたしが引き受けるに至った「社会の核イメージ」といったものではなかろうか。

そこでわたしにとっての帰化を語ろうとすれば、わたしの「社会の核イメージ」を語らねばなるまいが、そのためにもさらに先立って、わたしが言うところの「社会の核イメージ」とはいかなるものか、その輪郭を明らかにしておかねばなるまい。

「社会の核イメージ」

これまでにわたしは幾度なく社会という言葉を用い、それはその度に微妙に意味合いを異にしているようである。とは言え、わたしの用語法には、一定の偏りがありそうである。社会科学的な用語というより、個人の立場から見えるそれといったように、である。とりわけ、今から述べようとする「社会の核イメージ」がそうである。社会という語の後に付加された「核イメージ」という言葉に留意していただきたい。

わたしの言う「社会の核イメージ」とは、匿名集団によって構成されたものではなく、先ずは具体的な個人あるいはその集団に関係する。「わたし」を中心とし、その「わたし」が関係を持った人々、これから関係を持つであろう人々の関係の束のイメージなのである。ある個人にとって、具体的な「顔」を持って想起されうる人々との関係の総体である。

しかし、社会というからには、そうした具体的な存在、具体的な関係を超えた想像の領域も含まれざるをえないだろうが、とりあえずは、そこに至る直前の領域、見える、触れる、そして顔が思い浮かべられるという領域に重点がある。

繰り返しになるが、「社会の核イメージ」とは、個人が自分を中心にして思い描き、生きていく際に依拠する集団イメージのことである。従って、それは帰属意識と言い換えることもある程度までは可能である。

そこで、帰属意識について考えてみる。帰属といっても様々なレベルがあり、複数の帰属を持ち、それを状況に応じて使い分けるといった人もいるだろう。しかし、その場合でも、そうした複数の帰属が収斂する一点があり、それを自らが最も主要と看做しているといったこともあるだろう。また、具体的、現実的なものの場合もあるだろうし、想像上の、或いは、精神的なものの場合もあるだろう。傍から見て甚だ抽象的だとしても、その何かに自らが帰属すると考えて、生死に関わる決定をする場合だってあるのだから。

その延長上で言えば、帰属は必ずしも、現在のものでなくてもよい。過去のものであっても、未来のものであっても、想像上という意味では何ら相違がない。

例えば、殆ど家庭と会社の往復だけで毎日を過ごしている人がいたとする。彼は会社に、或いは、そのメンタリティにどっぷりと浸かり、専らその会社に帰属していると考えているかもしれない。或いは、家庭を守るために嫌な仕事をひたすら我慢しているのかもしれない。その場合、彼は彼の家庭に優先的に帰属しているということになるだろう。但し、その二例が対立的かどうかは即断できない。その家庭も会社も、形は異なれども、実は同じ原理で運営されているのかもしれない。そういうものとして、日本の社会というものが存在しているのであれば、彼の帰属は日本の社会と言うことになるだろう。そうした家庭、そうした会社を含めたこの社会、といったように。

ところが、以上と同じ外観を呈していても、内面においては、全く異なった帰属意識を持っている場合もあるだろう。若かりし頃の夢、それを抱きかかえ、その理想の実現を期しながらも、それを押し隠して実直に勤めを果たしているサラリーマンがいるかもしれない。現在の社会やその束縛を専ら否定され克服されるものとして表象し、そうした夢を、少人数であれ時に確かめあい、共同で育んでいる場合、彼の帰属は現在の所属とは重ならず、そうした夢の共同体にこそある。

或いはまた、帰属が現在でも未来でもなく、過去の一点に収斂している場合もあるかもしれない。例えば、戦時中の天皇の赤子としての幸せ、それに彼の内面は凝固しているといった場合もあるだろう。現代の「民主主義的」常識に則ってよき社会人として生活していても、その内面では、天皇を頂点とした帝国に帰属していると考えている人もいるだろう。その延長で言えば、現代日本では抑圧されているが、そうした天皇中心の世界観こそは実は現代日本にも連綿と受け継がれた優性遺伝であると考え、それを十全に発現させることを自分の使命とみなしている若者もいるだろう。

といったように、帰属には束縛としてのそれ（現実）と、意志的なそれ（夢、希望）があり、その両者を各人が同時に持っていて、それを使い分けているということになるのかもしれない。時としてその片方を強く押し出して生きる場合もあれば、その逆もあるといったように。もちろん、それが完全に重なる幸福な人だっているだろう。逆にそれがあまりにもかけ離れていて、そのために現実生活に困難をきたす人だっているだろう。

こうした帰属意識はその人の世界観を大きく規定する。ある種の帰属を選び取った人には、そうした帰属に属さない人は他者、或いは他者の集団であり、時には敵として表象されたりもする。それに対して自らの帰属に含まれると看做される人は、我々という集団表象として現れる。そしてその他者集団と我々集団との対立が強調されたり、和合が図られたりする。

こうして我々集団と数々の他者集団によって構成される社会がイメージされる。どのような原理によってそれが運営されるか。その中で、自分はどのような位置にいるかといったように。そうした社会イメージの現実性を保証する存在たち、それがわたしのいうところの「社会の核メージ」なのである。

因みに、以上のわたしの用語法について釈明しておきたい。とりわけ、帰属意識と「社会の核イメージ」の関係についてである。わたしの用語法では、帰属意識は先にも述べたように、現実の関係を否定したり超えたりする。つまりは、想像が大きな比重を占めることもある。それに対して、「社会の核イメージ」のほうは、その領域の手前で立ち止まる。帰属意識が現実を越えるとしても、その意識を支える具体的な存在があってこそ、つまりは具体的に顔を思い浮かべることができる存在があってこそ、リアルなものとしての生命を保つ。その存在の数の多少はほとんど問題とならない。たった一人であれ、そうした意識の現実感を保証することは可能である。自分が共に生きる人たちという現実感覚に裏付けられた関係の束、それをわたしは「社会の核イメージ」と呼んでいるのだが、それを中核にしてこそ、より広く一般化された社会イメージが輪郭をそなえていくのではなかろうか。

しかし、この用語法には大きな難点がある。一般には、帰属意識のほうが現実的で、社会イメージのほうが想像の領域に関わっていそうなのに、わたしの用語法はそれに背反している。たとえそうした常識的な用語法に則っていなくても、わたしがその特殊な用語法について明晰に説明することができるならばそれも許されるのだろうが、現時点ではそれができない。「社会イメージ」ではなく、「社会の核イメージ」といった形で一定の留保をつけてはみたものの、それと帰属意識との差異がわたし自身にとっても十分に明確になっていないのだから、何をかいわんや、といったことになる。それを承知しながらも、そうした用語をわたしにあえて採用させる「勘」のようなものを否定しがたく、それを明確な形で説明することを将来への宿題とするという意味でも、その用語を残しておきたい。したがって、あくまでとりあえずということで、ご理解をいただきたいのである。

「社会の核イメージ」と帰化

「社会の核イメージ」という用語は、「先に体験ありき」なのだから、いまだ曖昧な理屈に拘泥するよりは、その基にあったはずの私的な体験、そしてその解釈を語ったほうがわたしの言う「社会の核イメージ」の意味内容をご理解いただけそうな気がする。

わたしは日本の大阪で生まれ育ち、中年も盛りの現在まで生きてきた。とりわけ幼少期には、その大阪でもさらに限られた北大阪、とりわけ淀川と神崎川、そしてＪＲ東海道線と阪急宝塚線で囲われた長方形の、一辺がせいぜい二キロに満たない狭い地域が、わたしの生活世界であった。

そこには、日本人がいた。朝鮮人がいた。混住もあり、棲み分けもあった。全くの隔絶、疎遠、ほどほどの距離をおいての交渉、さらには、親身で日常的など、両者の関係も多種多様であった。

そこから様々な理由で忽然と姿を消す人々もいた。たとえば、「北」へ「帰国」した朝鮮人たちのことである。或いはまた、同じ小学校に通っていたのに、ある時期に集団で学校からは姿を消し、その後も同じ地域に住み続けていたから時折その姿を見かけはするが、日常的には別世界に生きるようになった子供たちがいた。「在日」の民族学校に転校した子供たちのことであり、幼いわたしはそうした彼らと断絶したり、対立したり、或いはまた微妙な交友を結んだりして暮らしていた。

逆に、そこに新規参入してきた人々もいた。とりわけ、日本の僻地、たとえば、沖縄や奄美からの労働者とその家族たちである。彼らはその社会階層的な理由もあって、その地域に昔から住む日本人たちよりも、「よそ者」である「在日」の世界に近く暮らし、時にはその内輪にまで入り込み、それもなんと最下層であるはずの「在日」のさらに下層にもぐりこんで生きる人たちもいた。当然、軋轢があり、融和があった。

そうした日本の片隅の小さな地域での生活、それは日本と朝鮮との過去の長い歴史が創り出したものであると同時に、国籍や出自を問わずそこに住むに至った人々が、歴史の変化に翻弄されながらも、その変化を取り込もうとして、様々な工夫を積み重ねながら日々創り出していた世界でもあった。

そこでわたしは、日本の南北問題や、朝鮮半島との関係を、もう少し具体的に言えば、「在日」と「在日」の関係、「在日」と日本（人）との関係、「在日」と朝鮮半島（そしてそこに暮らす人々）との関係、朝鮮と日本との関係を生き、そして学んだ。

その後、わたしはその地域を離れたということもあって、わたしの人生がすべてそこに収斂するわけもないのだが、その後の様々な経験を解釈し、自らに取り込むにあたって、その地域での生活経験が大きく作用した。人間とは、人間と人間の関係とは、そしてそれらに民族的軋轢と共存の努力がどのように作用するか、といったことどもである。

その狭い地域を平面的に広げていけば、大阪全体、近畿全体、そして日本全体ということになるだろうし、社会経済的にもその地域の生活は日本全体の構造に組み込まれていた。しかし、個々の人間の生活感覚の広がりは必ずしもそうした知識や地理的なラインに則りはしないようである。とりわけわたしの場合には、その後の様々な偶然も作用して全く大阪を離れることなく生きることになったという経緯もあれば、生来の想像力の欠如もあいまって、わたしの人間関係さらには想像が具体性を帯びる世界が、平面的に大阪から近畿へ、そして日本へといった経路で、日本全域に広がるというようにはならなかった。或いはまた、知識として得た日本全体とわたしが経験的に知っている地域とを構造的につなげるというふうにもならなかった。

わたしは生家を中心とした界隈で得られた情報や人間関係、つまり、「在日」的生活とそこでの知識を担保にして、日本の全域に散在する「在日」の生活圏を身近なものと感じ、それを媒介にして、わたしの関係世界を日本という国家領域に広げるに至ったのである。

たとえば、この歳になるまで一度も訪れたことのない北海道という地域がわたしの実感的地図で一定の位置を占めるようになったのは、次のような経緯による。

わたしの亡父は、韓国済州島から日本にやってきて、一時は九州の果てから北海道まで、日本の各地に行商に歩いていた。とりわけ、北海道ではアイヌの人々と共に暮らしたことなどもあったらしい。昔話など殆どしなかった父なのだが、珍しくそんな話を懐かしそうにすることがあって、その姿はわたしにはすごく幸せそうに見えた。一方、済州島から北海道までは父と同じような境遇にあったが、その後、大阪に住むようになった父とは異なり、そのまま北海道に住み続けて、時折、はるばる大阪を訪れてくる遠縁のおじさんがいて、その存在と彼の断片的な話などを通じて、わたしは「在日」の生活圏としての北海道という実感を持つようになったのである。その後、わたしは成長するにつれて、日本のいたるところに「在日」が散在して暮らしているという知識ばかりか、その人たちとの具体的な交渉を通じて、その各地もまた「在日」の生活圏、つまりわたしの生活圏と実感するようになった。わたしが日本の別の地方に在住したりそこの出身である「在日」と知り合いになると、殆ど自動的に、わたしは、その友人・知人だけでなく、彼らの家族、そしてその家族が生きる「在日」的環境といった重層的で広がりのある姿で、その地方をイメージし、自分の生活地図に組み込むのである。その意味で、「在日」の友人、知人との交渉は、彼らの「在日」的環境との交渉という意味まで内包するようになっていた。地理上の日本の社会の平面的な広がりと言うよりは、個々の「在日」の生活圏という点と点のネットワークを通じて日本全体へ、といった経路をとったのであった。

こうした点と点のネットワークは、日本という国家領域に限定されていたわけではない。父母の来歴、記憶、心情、さらには一九六〇年以降の頻繁な往来の継続によって、彼らの故郷であり、血縁者が多く暮らしている韓国済州島もまた、しだいにわたしの世界という感じ方をするようになった。済州島の血縁者の一部は、実は植民地期には「在日」であったり、日本との往来を繰り返した人たちであり、彼らの「今」はいわば「在日」的環境の延長上にあるような感触もあった。というようなわけで、わたしは次第に彼らと密接な関係を持つようになり、彼らの運命をも、わたしの人生に関与的なものとして実感するようになっていった。彼らも含めてのわたしの生活世界、社会というわけである。もっとも、「故郷」の人々との交渉を通じて、わたしは同質性だけを確認したわけではない。むしろ、「故郷」で生まれ育った彼らとの異質性に愕然とすることも多々あった。しかし、その異質性を通じて、「在日」の特殊性ばかりか、普遍性さえも確認するというようなこともあった。

因みに、「故郷」の人々と「在日」との異質性の延長で言えば、先に述べたわたしの「在日」的環境と日本の各所にいる「在日」の環境との間にも、同質性ばかりがあったわけでなく、その異質性に驚くということは多々あって、それは「同じはず」という思い込みがあるだけに余計に驚くという要素もあるのだが、その驚きの経験がむしろ、わたし自身の「在日」的環境の多様性と重層性に対する理解の修正や深化を促しもしたのである。「なるほどそういうことだったのか、わたしの地域でも、そういうことを何度も見聞きしていたのに、すっかり忘れ去ってしまっていたんだ」というように。

つまりは、わたしの関係の束、つまり「社会の核イメージ」には国家を超える要素が組み込まれているわけである。あまりに当然のことだが念のために付け加えれば、そこから日本が、そして日本人が排除されているはずがない。「在日」的生活とは、日本の社会との、日本人との関係抜きにはありえない。彼らとの、対立、軋轢、融和といった様々な共生への努力、それこそが、「在日」的生活の大きな要素を占めているのだから。

というわけで、そのようにしてわたしの「社会の核イメージ」に場所を占める人々は、わたしにとってかけがえのない社会の成員であり、その存在を否定したり忌避することによって成立するような社会をわたしが是認することなど出来るわけがなく、そうしたわたしの生きる原則の一環として、帰化にまつわる決断がある。

わたしの社会イメージ、その中核にあるわたしの「社会の核イメージ」は、この日本の片隅で民族マイノリティとして生きることを余儀なくされ、ついでは、それを軸にしてものを考えることを引き受けようと努めてきた結果なのである。

そこには歪んだものが多く含まれるかもしれない。しかし、そもそもが日本と「在日」との関係自体に歪みがあるわけで、わたしという一個の「在日」と日本との関係にそれが反映されるのはむしろ当然なことかもしれず、そうした否定的要素もまた日本と「在日」との接点に他ならない。だからこそ、それを隠蔽することなく、自覚すべく努めたい。そのうえで、あらゆるマイノリティに向けて、せめて共感だけでも発動できるような心の傾きを保っていきたいのである。少なくとも、そうした共感をせき止めるような理論、情動を解体する努力を継続することで、生き生きとした共感の拠点を確保していきたいのである。

但し、マイノリティというものを固定的に考えるべきではない。マジョリティの中からも新たなマイノリティを生産、再生産するように社会はできていそうだし、逆にマイノリティの中に新たなマジョリティが生まれて、その中のマイノリティを抑圧しかねないわけで、そのようにして排除されかねない存在、つまりあらゆる存在に対して心を開く努力だけは続けていきたいということなのである。

こんなありきたりの結論にたどり着くために、長々と文章を書きついできたのは、他人から見ればお笑い草かもしれない。自然な共感に衝き動かされて、理屈抜きに自然な共同行動を躊躇わない人も多々いるに違いない。しかし、ことわたしにとっては、こうした理屈を整理することが必要だった。それほどに、「在日」にまつわる様々な軋轢がわたしの心や頭や体に厚い瘡蓋をつけてしまっているということなのだろう。そうした瘡蓋《かさぶた》を一つ一つ剥がしながら、わたしにとっては今や自然ではなくなった自然な心の動き、体の動きを回復したいというわけなのである。

つまりは、わたしにとっては、「在日」として生まれ、「在日」として育ち、「在日」として思考してきた正負の個々を拾い上げ、それを総合しつつ人々と共に生きていくこと、それがこの世界がわたしに与えてくれたものに対しての応答、大層に言えば、感謝の徴ということになる。それを果たして民族主義という言葉で呼びうるのかどうか、むしろ反民族主義と呼んだほうがふさわしいのかもしれない。しかしその名称がどうであれ、出自や経験を隠蔽してはじめて存在を認められるような社会を受け入れることなどできるわけがなく、そうしたもの総体に対して、個人として、そしてそれと同時に人間の環として対峙していくこと、それこそが「在日的経験」がわたしに刻み付け、わたしが引き受けようとしてきたものなのであり、残された人生においてもそれを捨てることなく人生を全うしたいと願っているのである。

あとがき

本書を構成する文章が書かれたのは、三つの時期に分かれており、そのこともあって、テーマも、文体も相当に異なるという印象があるかもしれない。そこで本書の成り立ちについて触れておきたい。

先ずは一章から四章まで。これは後に『「在日」の言葉』として上梓されることになった原稿の連載を終えた直後に、殆ど一気に書き上げた。前著では、幼い「私」の経験をできる限り忠実に再現しつつ、それを今の時点から解釈するにとどめるといったように視覚の限定に努め、世に流布している「在日」論などに対する言及は極力避けた。そうした「禁欲」の反動で、抑えていたものを解放したいと思いが募っていたようで、その頃にたまたま眼にした関川文に対する「反感」も相まって、ポレミック性を厭わず、むしろそれを前面に押し出して、「知的大衆たる在日朝鮮人二世の呟き」と題して発表に至った（関西大学生協「書評」誌一一五号、一一六号、二〇〇二年）。しかし、その頃には既に、本当に書きたいことは、少し別のところにあるのではといった疑念が膨らんでいた。そこで、軌道修正に努めつつ、ひとまず、五章と六章を書き終えた。ところがそのうちにこんどは、書くべきはその先にあるという思いが強くなり、そうした「勘」と真っ向から対面しよ

う と努めはしたものの、挑戦しては跳ね返されるの繰り返しを余儀なくされた。とりわけ、八章にいたっては、足かけ三年もかかった。というわけで、書き始めて六、七年が経過して、ようやく全体が完成に至ったわけである。

そもそも私の書き物はいつでも、明確なプランのもとに綿密に調査したうえでそれを整理して、体系的にまとまるといった落ちついたものではない。何かを契機にして、衝動に駆られて書き進めていくうちに、自分が何にこだわりを覚えているのかを、ぼんやりながら確認するに至るといったように、私がものを考える際の覚束ない足取りの報告という趣が濃厚なのだが、とりわけ本書はその性格が強く、しかも、その限界なり、欠陥が露呈していると今更ながらに思う。

自らの経験、心象、知識、思考、論理を総動員することに努める一方で、それを検証したり傍証する材料ばかりか、そうした努力そのものが欠けており、客観的な叙述などとはとうてい言えそうもない。そうした独りよがりが通用しない領域が多々あるということを、とりわけ今回は思い知った。本文でも触れたことだが、わたしが固執している「実感信仰」の限界であり、用語の曖昧さ、権力の問題についての考えの甘さなど、社会科学的な思考の欠如の問題でもある。

そうした臭みは、この書物の至る所に、とりわけ、後半部に露呈している。しかしながら、それはむしろ、自ら望んだことだったのかもしれない。様々な「正しい」議論、「正しい」生き方、「正しい」感情があって、様々な人々がそれを体現したり、文章の形で明らかにしている。私はそうしたものに憧れ、それを自らのものにするべく努めながらも、必ずしもそうではないところで生きてきたようなのである。

そうした自覚があるからこそ、「正しくない私」と「正しくあろうとする私」の揺れ、或いはずれを確認したかった。したがって、本書で私が批判しているのは、ある意味では自分自身の現実なのであって、その批判が徹底しないのもまた私の姿ということになる。

私にとって、そうした欠陥の自己確認としての意味を本書は持っているのだが、そうした言わば失敗の告白を読者が許してくれるだろうか、との思いが拭いがたい。

そんな代物でも、実に数多くの方々の忠告や叱咤激励をいただきながら書き継ぎ、なんとか最後までこぎつけたのだが、最も重要な最終章の後半部については、いまだ「勘」の素描にとどまらざるを得なかった。このように最後の最後までケリをつけられない甘さ、弱さもまた私の生来の欠陥であり、それを克服することは至難の業ではあろうが、その努力だけは継続するつもりでいる。それが様々な形で私を支えてくださった方々に対してのせめてもの感謝の徴である。

冒頭でも触れた経緯に加えて、内容的にも本書は前著『「在日」の言葉』と合わせ鏡のような関係になっており、併せて読んでいただければ幸いである。しかし、先にも記したように、その合わせ鏡がいまだ大きな欠落と歪みを露呈しており、私が生きてきた「在日」の世界が十全に映し出されているとはとうてい言えそうになく、その二冊の欠落を補完し、それらとトライアングルを形成するような書物を、実は本書と平行して準備してきた。それは前二著と、扱う材料はさして変わらないのだが、異なる書き方、視点によるもので、小説もどきとなっている。

最後になったが、既刊の三冊の拙著と同じく、今回も同時代社の川上さん、高井さんの適切なご助言をいただき、出版にこぎつけた。四〇歳の半ばに自らに課した宿題の過半の四冊の書物がお二人のご協力で日の目を見たわけで、残っている宿題、つまりトライアングルの一角をなすはずの書物についても、近い将来に完成、刊行を目論んでおり、尚一層のご支援をお願いしたいと念じている。

【著者略歴】

玄善允（ヒョン・ソニュン）

1950年、在日朝鮮人二世として大阪に生まれる。大阪大学及び大阪市立大学大学院にて仏語・仏文学を学ぶ。京阪神の諸大学にて仏語・仏文学を講じる。「西欧現代文学」の自意識及び「在日朝鮮人の意識形成史」を生涯のテーマとする。

著書に『「在日」の言葉』『大学はバイ菌の住処か？』『マイノリティ・レポート』（以上、同時代社）、共著に『フランスの文学と芸術における自然』（行路社）、共訳書に『アラゴン自らを語る』（富岡書房）『ロマン・ロラン全集』（みすず書房、19巻、3巻）等がある。

eメール：sunyoonhyun@yahoo.co.jp

「在日」との対話――在日朝鮮人は日本人になるべきか

2008年7月5日　初版第1刷

著　者　玄　善允

発行者　川上　徹

発行所　株式会社同時代社

〒101-0065　東京都千代田区西神田2-7-6

電話　03(3261)3149　FAX　03(3261)3237

装幀・制作　有限会社閏月社

印　刷　モリモト印刷株式会社

ISBN978-4-88683-628-1